AF532790

HEIMATBACKEN VON A–Z

DIE DR. OETKER GELING-GARANTIE

UNSER VERSPRECHEN

Liebe Leserin, lieber Leser,

mit den Rezepten in unseren Koch- und Backbüchern möchten wir Sie und Ihre Lieben glücklich machen. Zum Glück braucht es den Erfolg, und den kaufen Sie mit jedem Dr. Oetker Buch gleich mit.

Dafür gibt es die *Dr. Oetker Geling-Garantie*. Sie ist unser Versprechen, dass alle Rezepte aus diesem Buch ganz einfach und sicher gelingen. Die Geling-Garantie startet schon bei der Zutatenliste: Alle Zutaten, die wir verwenden, sollten Sie leicht in Ihrem Supermarkt vor Ort einkaufen können. Jeder Zubereitungs-Schritt ist klar und einfach nachvollziehbar.

Eine Garantie können wir Ihnen aber auch deshalb mit gutem Gewissen geben, weil alle Rezepte dieses Buches von unserem erfahrenen Team entwickelt wurden. Anschließend haben wir jedes Gericht in einer ganz normalen Küche nachgekocht oder nachgebacken. Immer wieder. So lange, bis wir uns sicher waren, dass es gelingt. Und zwar auch bei Ihnen zu Hause.

Was wir versprechen, halten wir auch. Sollte beim Kochen oder Backen eines unserer Rezepte dennoch etwas danebengehen oder es Ihnen einfach nicht schmecken, dann lassen Sie es uns wissen. Schreiben Sie oder rufen Sie uns an! Wir werden das Rezept nochmals kritisch prüfen und Ihnen helfen herauszufinden, woran es gelegen haben könnte. Sie erreichen uns unter der Telefonnummer +49(0)89/54825 15-0.
Oder schreiben Sie uns eine E-Mail unter:
redaktion-oetker@zsverlag.de

Natürlich freuen wir uns aber auch über weitere Rückmeldungen und auch über Lob. Ihre Ideen, Kommentare und Fragen können Sie jederzeit auch über Facebook posten: www.facebook.com/Dr.OetkerVerlag.
Wir sind für Sie da. Garantiert.

Mit herzlichen Grüßen
Ihre Dr. Oetker Redaktion

ALLGEMEINE HINWEISE ZU DEN REZEPTEN

UNSER TIPP

Lesen Sie vor der Zubereitung – besser noch vor dem Einkauf – das Rezept einfach einmal vollständig durch. Aus dem Zusammenhang werden die Zubereitungs-Schritte deutlicher.

PORTIONSANGABEN

Die Anzahl der Stücke finden Sie in jedem Rezept ausgewiesen.

ARBEITSSCHRITTE

Die Zutaten sind in der Reihenfolge ihrer Verarbeitung aufgeführt. Jeder Arbeitsschritt ist einzeln hervorgehoben und extra nummeriert. So haben wir die Rezepte für Sie auch entwickelt und ausprobiert.

ZUBEREITUNGSZEIT UND BACKZEIT

Die angegebene Zubereitungszeit schließt die Dauer der Vorbereitung und die eigentliche Zubereitung mit ein. Sie ist ein Anhaltswert und kann je nach individuellem Geschick oder Übung natürlich ein wenig variieren. Längere Wartezeiten wie zum Beispiel Kühl- oder Abkühlzeiten oder auch Auftauzeit sind in der Regel nicht in der Zubereitungszeit enthalten. Einzige Ausnahme: In dieser Zeit sind parallel andere Arbeitsschritte zu tun. Die Backzeiten sind extra ausgewiesen. Bei einigen Rezepten setzt sich die Gesamt-Backzeit aus mehreren Teil-Backzeiten zusammen.

BACKOFENEINSTELLUNG UND BACKZEITEN

Die in den Rezepten angegebenen Backtemperaturen und Backzeiten sind Richtwerte, die je nach individueller Hitzeleistung Ihres Backofens über- oder unterschritten werden können. Prüfen Sie nach Beendigung der angegebenen Backzeit, ob der Kuchen gar ist, bzw. machen Sie bei Teigen eine Garprobe.

Die Temperaturangaben in diesem Buch beziehen sich auf Elektrobacköfen. Die Temperatur-Einstellungsmöglichkeiten für Gasbacköfen variieren je nach Hersteller, sodass wir keine allgemeingültigen Angaben machen können. Bitte beachten Sie deshalb bei der Einstellung des Backofens die Gebrauchsanleitung des Herstellers. Ein Backofenthermometer eignet sich dabei gut, um die Backofentemperatur im Blick zu haben.

EINSCHUBHÖHE

In den Rezepten in diesem Buch ist die Einschubhöhe immer dann die Mitte des Backofens, wenn nichts anderes angegeben ist.

HINWEISE ZU DEN NÄHRWERTEN

Bei den Nährwertangaben in den Rezepten handelt es sich um auf- bzw. abgerundete ganze Werte. Aufgrund von ständigen Rohstoffschwankungen und/oder Rezepturveränderungen bei Lebensmitteln kann es zu Abweichungen kommen. Die Nährwertangaben dienen daher lediglich Ihrer Orientierung und eignen sich nur bedingt für die Berechnung eines Diätplans.

ABKÜRZUNGEN UND SYMBOLE

EL	Esslöffel
TL	Teelöffel
Msp.	Messerspitze
Pck.	Packung/Päckchen
g	Gramm
kg	Kilogramm
ml	Milliliter
l	Liter
evtl.	eventuell
geh.	gehäuft
gestr.	gestrichen
gem.	gemahlen
ger.	gerieben
TK	Tiefkühlprodukt
°C	Grad Celsius
Kalorien-/Nährwertangaben	
E	Eiweiß
F	Fett
Kh	Kohlenhydrate
kcal	Kilokalorie
Symbole	
◷	Zubereitungs-/Backzeit
▲	Mit Alkohol

AACHENER NUSSPRINTEN

Aachen, Rheinland
Zubereitungszeit: 70 Minuten, ohne Kühlzeit
Backzeit: etwa 10 Minuten je Backblech

ZUTATEN FÜR 40 STÜCK

FÜR DEN BELAG:

200 g Haselnusskerne

FÜR DEN TEIG:

125 g Zuckerrübensirup (Rübenkraut)
50 g Zucker
50 g Butter oder Margarine
2 EL Milch oder Wasser
50 g Grümmel (gestoßener brauner Kandis)
3 Tropfen Zitronen-Aroma (aus dem Röhrchen)
je ½ TL gem. Anis, Gewürznelken und Zimt
250 g Weizenmehl
3 gestr. TL Backpulver

FÜR DEN GUSS:

250 g Schokolade (Vollmilch oder Zartbitter)
1–2 EL Speiseöl, z. B. Sonnenblumenöl

PRO STÜCK:

E: 2 g, F: 7 g, Kh: 13 g, kcal: 120

1. Den Backofen vorheizen.
Ober-/Unterhitze: etwa 180 °C
Heißluft: etwa 160 °C

2. Für den Belag zunächst Haselnusskerne enthäuten. Dafür die Haselnusskerne auf ein trockenes, sauberes Backblech legen und im vorgeheizten Backofen etwa 10 Minuten erhitzen, so lange bis die braunen Häutchen aufplatzen. Die heißen Haselnusskerne in ein sauberes Geschirrtuch geben und die Häutchen mit Kreisbewegungen abreiben.

3. Für den Teig Zuckerrübensirup mit Zucker, 1 Prise Salz, Butter oder Margarine und Milch oder Wasser in einem Topf unter Rühren langsam zerlassen, in eine Rührschüssel geben und kalt stellen.

4. Unter die fast erkaltete Masse mit dem Mixer (Rührstäbe) auf höchster Stufe Grümmel, Aroma, Anis, Nelken und Zimt rühren.

5. Mehl mit Backpulver mischen und zwei Drittel davon portionsweise kurz auf mittlerer Stufe unterrühren. Den Teigbrei mit dem restlichen Mehlgemisch auf der Arbeitsfläche zu einem glatten Teig verkneten. Den Teig in Frischhaltefolie wickeln und etwa 30 Minuten in den Kühlschrank legen.

6. Den Backofen wieder vorheizen.
Ober-/Unterhitze: etwa 180 °C
Heißluft: etwa 160 °C

7. Die enthäuteten Haselnusskerne halbieren. Den Teig auf der leicht bemehlten Arbeitsfläche etwa ½ cm dick ausrollen und Rechtecke (etwa 7 x 2 ½ cm) ausschneiden.

8. Die Rechtecke auf Backbleche (gefettet) legen. Die Haselnusskerne gleichmäßig auf die Teigstücke legen und leicht andrücken. Die Backbleche nacheinander (bei Heißluft zusammen) in den vorgeheizten Backofen schieben. Die Printen **etwa 10 Minuten je Backblech backen.**

9. Die Printen nach dem Backen von den Backblechen lösen, auf Kuchenroste legen und erkalten lassen.

10. Für den Guss Schokolade in kleine Stücke brechen, mit dem Speiseöl in einem Topf im Wasserbad bei schwacher Hitze unter Rühren schmelzen. Die erkalteten Printen damit überziehen. Guss trocknen lassen.

A

AACHENER REISFLADEN

Aachen, Eifel, Rheinland
Zubereitungszeit: 30 Minuten
Teiggeh-/Ruhezeit: etwa 45 Minuten
Backzeit: 15–20 Minuten

ZUTATEN FÜR 6 STÜCK

FÜR DEN HEFETEIG:

350 g Weizenmehl
1 Pck. Trockenbackhefe
50 g Zucker
abger. Schale von ½ Bio-Zitrone (unbehandelt, ungewachst)
etwa 200 ml lauwarme Milch (1,5 % Fett)
1 EL Butter (zimmerwarm)

FÜR DEN BELAG:

200 g Milchreis (aus dem Kühlregal)
1 Eigelb (Größe M)
2 gestr. EL Speisestärke
1 Pck. Vanillin-Zucker
1 Apfel
1 Eiweiß (Größe M)
2 EL Rosinen

PRO STÜCK:

E: 10 g, F: 6 g, Kh: 68 g, kcal: 370

1. Für den Teig Mehl in eine Rührschüssel geben und mit der Trockenbackhefe sorgfältig vermischen. Zucker, 1 Prise Salz, Zitronenschale, Milch und Butter hinzufügen.

2. Die Zutaten mit einem Mixer (Knethaken) zunächst kurz auf niedrigster, dann auf höchster Stufe in etwa 5 Minuten zu einem glatten Teig verarbeiten. Den Teig zugedeckt so lange an einem warmen Ort gehen lassen, bis er sich sichtbar vergrößert hat, etwa 30 Minuten.

3. Für den Belag in der Zwischenzeit Milchreis in eine Schüssel geben. Eigelb mit Speisestärke und Vanillin-Zucker unterrühren.

4. Den Apfel schälen, vierteln und das Kerngehäuse entfernen. Die Apfelviertel zunächst in Scheiben, dann in feine Stifte schneiden. Eiweiß steif schlagen. Den Eischnee mit den Apfelstiften und Rosinen unter die Milchreismasse heben.

5. Den Teig auf der leicht bemehlten Arbeitsfläche nochmals kurz durchkneten. Anschließend in 6 gleich große Portionen teilen. Jede Teigportion zu einem Kreis (Ø etwa 10 cm) ausrollen, dabei rundherum einen kleinen Rand formen. Den Rand nach Belieben zum Garnieren mit einem stumpfen Messer in regelmäßigen Abständen mehrmals eindrücken. Die Teigfladen auf ein Backblech (mit Backpapier belegt) legen.

6. Jeweils etwas von der Milchreismasse in die Mitte der Fladen geben und glatt streichen, dabei den Rand frei lassen. Die Reisfladen nochmals zugedeckt so lange an einem warmen Ort gehen lassen, bis sie sich sichtbar vergrößert haben, etwa 15 Minuten.

7. In der Zwischenzeit den Backofen vorheizen.
Ober-/Unterhitze: etwa 200 °C
Heißluft: etwa 180 °C

8. Das Backblech in den vorgeheizten Backofen schieben. Die Reisfladen **15–20 Minuten backen.**

9. Die Fladen mit dem Backpapier vom Backblech auf einen Kuchenrost ziehen und erkalten lassen.

AMRUMER WATTWURMKUCHEN

Norddeutschland

◐ Zubereitungszeit: 35 Minuten, ohne Abkühlzeit
Backzeit: 25–30 Minuten

▲ Mit Alkohol

ZUTATEN FÜR 20 STÜCKE

FÜR DEN RÜHRTEIG:

250 g Butter oder Margarine
200 g Zucker
1 Pck. Vanillin-Zucker
4 Eier (Größe M)
250 g Weizenmehl
50 g Speisestärke
3 gestr. TL Backpulver
2 EL Rum
Semmelbrösel

FÜR DEN DUNKLEN TEIG:

2 EL gesiebtes Kakaopulver
1 EL Rum

FÜR DIE FÜLLUNG:

740 g abgetropfte Sauerkirschen (aus Gläsern)
850 ml Kirschsaft (aus den Gläsern)
2 Pck. Pudding-Pulver Vanille-Geschmack

FÜR DEN BELAG:

50 g Zartbitter-Schokolade
(etwa 50 % Kakaoanteil)
50 g Schlagsahne
gut 1 EL Rum
600 g Schlagsahne (mind. 30 % Fett)
2 Pck. Sahnesteif

PRO STÜCK:

E: 4 g, F: 24 g, Kh: 39 g, kcal: 399

1. Für den Teig Butter oder Margarine mit einem Mixer (Rührstäbe) auf höchster Stufe geschmeidig rühren. Nach und nach Zucker, Vanillin-Zucker und 1 Prise Salz unterrühren. So lange rühren, bis eine gebundene Masse entstanden ist. Eier einzeln unterrühren (jedes Ei etwa ½ Minute).

2. Mehl mit Speisestärke und Backpulver mischen, in 2 Portionen abwechselnd mit dem Rum kurz auf mittlerer Stufe unterrühren. Gut zwei Drittel des Teiges auf ein Backblech (30 x 40 cm, gefettet, mit Semmelbröseln bestreut) geben und glatt verstreichen.

3. Den Backofen vorheizen.
Ober-/Unterhitze: etwa 180 °C
Heißluft: etwa 160 °C

4. Für den dunklen Teig Kakao und Rum unter den restlichen Teig rühren. Den dunklen Teig in einen Spritzbeutel mit Lochtülle (Ø 6 mm) füllen und etwa 5 cm lange „Wattwürmer“ auf den hellen Teig spritzen.

5. Das Backblech in den vorgeheizten Backofen schieben. Den Gebäckboden **25–30 Minuten backen.**

6. Das Backblech auf einen Kuchenrost stellen. Den Kuchen erkalten lassen.

7. Für die Füllung von den Sauerkirschen den Saft auffangen und 850 ml davon abmessen, evtl. mit Wasser ergänzen. Den Saft mit Pudding-Pulver in einem Topf unter Rühren aufkochen lassen. Dann die Sauerkirschen unterrühren. Die Kirschmasse auf dem Gebäckboden verteilen und erkalten lassen.

8. Für den Belag Schokolade grob zerkleinern. 50 g Sahne in einem Topf erwärmen, dann den Topf von der Kochstelle nehmen. Schokolade unter Rühren darin schmelzen und zu einer glatten Masse verrühren. Rum unterrühren und die Masse erkalten lassen.

9. Sahne (600 g) mit Sahnesteif steif schlagen und auf der Sauerkirschmasse verstreichen. Mithilfe eines Teelöffels kleine Vertiefungen in die Sahne drücken. Die Schokoladenmasse in den Sahnevertiefungen verteilen.

TIPPS:

Anstelle der Sauerkirschen können auch Heidelbeeren oder Preiselbeeren (aus dem Glas) verwendet werden. Für Kinder den Rum im Teig durch 1 Esslöffel Milch ersetzen. Für den Belag 1 Esslöffel Sahne mehr zu der Schokolade geben.

APFELKUCHEN

Norddeutschland

- Zubereitungszeit: 35 Minuten, ohne Abkühlzeit
  Teiggeh-/Ruhezeit: etwa 1 Stunde
  Backzeit: etwa 25 Minuten

ZUTATEN FÜR 20 STÜCKE

FÜR DEN HEFETEIG:

200 ml Milch (3,5 % Fett)
50 g Butter
375 g Weizenmehl
1 Pck. Trockenbackhefe
50 g Zucker
1 Pck. Bourbon-Vanille-Zucker
1 Ei (Größe M)

FÜR DEN BELAG:

1 ½ kg säuerliche Äpfel, z. B. Elstar oder Boskop
20 g gestiftelte Mandeln
20 g Rosinen

ZUM BESTREICHEN:

3 EL Aprikosenkonfitüre
1 EL Wasser

ZUM BESTREUEN:

30 g Zucker
½ TL gem. Zimt

PRO STÜCK:

E: 3 g, F: 4 g, Kh: 28 g, kcal: 170

1. Für den Teig Milch in einem Topf erwärmen. Die Butter darin zerlassen.

2. Mehl mit Trockenhefe in einer Rührschüssel sorgfältig vermischen. Zucker, Vanille-Zucker, 1 Prise Salz und Ei sowie die warme Milch-Butter-Mischung hinzufügen. Alle Zutaten mit dem Mixer (Knethaken) zunächst kurz auf niedrigster, dann auf höchster Stufe in etwa 5 Minuten zu einem glatten Teig verarbeiten. Den Teig zugedeckt so lange an einem warmen Ort gehen lassen, bis er sich sichtbar vergrößert hat, etwa 30 Minuten.

3. Den Teig leicht mit Mehl bestreuen. Aus der Schüssel nehmen, auf einer leicht bemehlten Arbeitsfläche nochmals kurz durchkneten und zu einer Rolle formen. Den Teig auf dem Backblech (30 x 40 cm, gefettet) ausrollen.

4. Den Backofen vorheizen.
Ober-/Unterhitze: etwa 200 °C
Heißluft: etwa 180 °C

5. Für den Belag die Äpfel schälen, vierteln, entkernen und in dicke Spalten schneiden. Die Apfelspalten auf dem Teig verteilen, mit Mandeln und Rosinen bestreuen. Den Teig nochmals so lange an einem warmen Ort gehen lassen, bis er sich sichtbar vergrößert hat, etwa 30 Minuten.

6. Das Backblech in den vorgeheizten Backofen schieben. Den Kuchen **etwa 25 Minuten backen.** Das Backblech herausnehmen.

7. Zum Bestreichen die Konfitüre durch ein Sieb streichen, mit Wasser unter Rühren aufkochen. Den heißen Kuchen damit bestreichen und auf dem Backblech auf einem Kuchenrost erkalten lassen.

APFELKÜCHLE

Süddeutschland

◷ Zubereitungszeit: 35 Minuten, ohne Durchzieh- und Ruhezeit
Ausbackzeit: 2–3 Minuten

▲ Mit Alkohol

ZUTATEN FÜR 20 STÜCK

FÜR DIE FÜLLUNG:

4 mittelgroße Äpfel (etwa 700 g)
2 EL Zitronensaft
1 TL Zucker
1 Prise gem. Zimt

FÜR DEN TEIG:

125 g Weizenmehl
25 g Zucker
2 Eigelb (Größe M)
125 ml helles Bier oder Wein
1 EL Sonnenblumenöl
2 Eiweiß (Größe M)

ZUM AUSBACKEN:

etwa 1 ½ l Speiseöl, z. B. Sonnenblumenöl oder Ausbackfett

ZUM WÄLZEN:

etwa 75 g Zucker
1 gestr. TL gem. Zimt

PRO STÜCK:

E: 1 g, F: 4 g, Kh: 11 g, kcal: 85

1. Für die Füllung Äpfel schälen und mit einem Apfelausstecher das Kerngehäuse entfernen. Äpfel in etwa 1 cm dicke Scheiben schneiden und nebeneinander auf einen großen Teller legen. Zitronensaft mit Zucker und Zimt verrühren, die Apfelscheiben damit bestreichen und etwa 15 Minuten ziehen lassen.

2. Für den Teig in der Zwischenzeit Mehl in eine Rührschüssel geben. 1 Prise Salz, Zucker und Eigelb hinzufügen. Die Zutaten mit einem Mixer (Rührstäbe) verrühren. Nach und nach Bier oder Wein und Sonnenblumenöl unterrühren. Den Teig etwa 15 Minuten ruhen lassen. Dann Eiweiß steif schlagen und vorsichtig unter den Teig heben.

3. Speiseöl oder Ausbackfett in einem hohen Topf oder in einer Fritteuse auf etwa 175 °C erhitzen.

4. Die Apfelscheiben mithilfe einer Gabel durch den Teig ziehen, etwas abtropfen lassen und anschließend schwimmend in dem siedenden Speiseöl oder Ausbackfett von jeder Seite in 2–3 Minuten goldgelb ausbacken.

5. Apfelküchle mit einem Schaumlöffel herausnehmen und auf einem mit Küchenpapier belegten Kuchenrost abtropfen lassen.

6. Zum Wälzen Zucker und Zimt in einem tiefen Teller mischen. Die heißen Apfelküchle darin wälzen und warm servieren.

TIPPS:

Apfelküchle mit Vanillesauce oder Eis servieren. Sie können die Apfelküchle auch mit Puderzucker bestäuben. Für Kinder die Apfelküchle mit Apfelsaft statt mit Bier oder Wein zubereiten. Statt Apfelscheiben 560 g gut abgetropfte Ananasscheiben (aus der Dose) verwenden. Oder etwa 5 geschälte, halbierte Bananen, mit Zitronensaft bestrichen, verwenden.

APFELSTRUDEL MIT MARZIPAN

Bayern

Zubereitungszeit: 45 Minuten, ohne Ruhe- und Abkühlzeit
Backzeit: etwa 50 Minuten

ZUTATEN FÜR 10 STÜCKE

FÜR DEN STRUDELTEIG:

125 g Weizenmehl (Type 550)
1 Prise Salz
75 ml lauwarmes Wasser
2 EL Sonnenblumenöl

FÜR DIE FÜLLUNG:

50 g Butter
25 g Semmelbrösel
650 g Äpfel, z. B. Elstar
50 g Marzipan-Rohmasse
25 g Rosinen
50 g Rohrzucker
1 Pck. Bourbon-Vanille-Zucker
1 Msp. gem. Zimt

PRO STÜCK:

E: 2 g, F: 8 g, Kh: 27 g, kcal: 192

1. Für den Teig Mehl in eine Rührschüssel geben. Restliche Zutaten für den Teig hinzufügen und mit dem Mixer (Knethaken) zunächst kurz auf niedrigster, dann auf höchster Stufe zu einem glatten Teig verarbeiten. In einem kleinen Topf Wasser kochen, das Wasser ausgießen und den Topf abtrocknen.

2. Den Teig auf Backpapier in den heißen Topf legen. Den Topf mit dem Deckel verschließen und den Teig etwa 30 Minuten ruhen lassen.

3. Den Backofen vorheizen.
Ober-/Unterhitze: etwa 180 °C
Heißluft: etwa 160 °C

4. Für die Füllung Butter in einer Pfanne zerlassen. Die Hälfte der Butter abnehmen und zum Bestreichen beiseitestellen. Unter die restliche Butter die Semmelbrösel rühren, in der Pfanne goldgelb bräunen. Die Semmelbröselmasse erkalten lassen.

5. Äpfel schälen, vierteln, entkernen und in feine Stifte schneiden. 500 g davon abwiegen und in eine Schüssel geben. Marzipan auf der Küchenreibe fein raspeln, mit Rosinen, Zucker, Vanille-Zucker und Zimt unter die Apfelstifte mischen.

6. Den Teig auf einem großen bemehlten Geschirrtuch zu einem Rechteck (etwa 35 x 35 cm) dünn ausrollen. Zuerst die Semmelbröselmasse, dann die Apfelmasse gleichmäßig so auf dem Teig verteilen, dass an zwei gegenüberliegenden Seiten je ein etwa 2 cm breiter Rand frei bleibt.

7. Die frei gelassenen Teigränder auf die Füllung klappen. Die Teigplatten mithilfe des Tuches aufrollen und an den Enden zusammendrücken.

8. Den Strudel mit der Naht nach unten auf ein Backblech (mit Backpapier belegt) legen und mit der Hälfte der beiseitegestellten Butter bestreichen. Das Backblech in den vorgeheizten Backofen (unteres Drittel) schieben. Den Strudel **etwa 50 Minuten backen.** Nach etwa 25 Minuten Backzeit den Strudel mit der restlichen Butter bestreichen.

9. Nach dem Backen den Strudel auf dem Backblech auf einem Kuchenrost erkalten lassen oder warm servieren.

TIPPS:

Den Strudel mit Puderzucker bestreut servieren. Vanillesauce dazureichen.

APFELTORTE, GEDECKT

Zubereitungszeit: 70 Minuten, ohne Kühlzeit
Backzeit: etwa 60 Minuten

ZUTATEN FÜR 12 STÜCKE

FÜR DEN KNETTEIG:

425 g Weizenmehl
250 g Butter oder Margarine (zimmerwarm)
125 g Zucker
1 Prise Salz
1 Ei (Größe M)
1 Eiweiß (Größe M)

FÜR DIE FÜLLUNG:

1,3 kg Äpfel, z. B. Boskop oder Elstar
1 EL Zitronensaft
75 g Zucker
je 1 Msp. gem. Zimt, ger. Muskatnuss, gem. Ingwer
50 g Sultaninen

ZUM BESTREICHEN:

1 Eigelb (Größe M)
1 EL Milch

ZUSÄTZLICH:

2 Gefrierbeutel

PRO STÜCK:

E: 5 g, F: 19 g, Kh: 57 g, kcal: 425

1. Für den Teig Mehl in eine Rührschüssel geben. Restliche Zutaten hinzufügen und mit einem Mixer (Knethaken) zunächst kurz auf niedrigster, dann auf höchster Stufe gut durcharbeiten. Auf der leicht bemehlten Arbeitsfläche kurz zu einem Teig verkneten.

2. Den Teig in Frischhaltefolie gewickelt etwa 30 Minuten in den Kühlschrank legen.

3. Den Backofen vorheizen.
Ober-/Unterhitze: etwa 180 °C
Heißluft: etwa 160 °C

4. Für die Füllung Äpfel schälen, vierteln, entkernen und in kleine Stücke schneiden. Apfelstücke in eine Schüssel geben und mit Zitronensaft beträufeln. Zucker, Zimt, Muskat, Ingwer und Sultaninen untermischen.

5. Knapp die Hälfte des Teiges auf dem Boden einer Springform (Ø 26 cm, gefettet) ausrollen. Den Springformrand darumstellen.

6. Gut die Hälfte des restlichen Teiges zwischen zwei aufgeschnittenen Gefrierbeuteln zu einem Kreis (Ø 26 cm) ausrollen. Restlichen Teig zu einer langen Rolle formen, auf den Teigboden legen und so an die Form drücken, dass ein etwa 4 cm hoher Rand entsteht.

7. Die Füllung gleichmäßig auf dem Teigboden verteilen. Die Teigdecke auf die Füllung legen und am Rand vorsichtig etwas andrücken.

8. Eigelb mit Milch verschlagen und die Teigoberfläche damit bestreichen. Da evtl. Fett aus der Form laufen kann, die Form auf einem Bogen Backpapier auf dem Rost in den Backofen schieben und **etwa 60 Minuten backen.**

9. Den Kuchen mit einem Messer vom Springformrand lösen, aber in der Form auf einem Kuchenrost erkalten lassen.

APFELTORTE NACH MECKLENBURGER ART

Mecklenburg

Zubereitungszeit: 50 Minuten, ohne Kühlzeit
Backzeit: 25–28 Minuten

ZUTATEN FÜR 14 STÜCKE

FÜR DEN TEIG:

100 g Butter oder Margarine (zimmerwarm)
100 g Zucker
2 Eier (Größe M)
100 g Weizenmehl
1 ½ gestr. TL Backpulver
2–3 EL Milch

FÜR DEN BELAG:

5–6 säuerliche Äpfel (etwa 1 kg)
4 EL Zitronensaft
3 Blatt weiße Gelatine
2 Eier (Größe M)
1 Pck. Pudding-Pulver Vanille-Geschmack
75 g Zucker
250 ml Apfelsaft
1 Pck. Vanillin-Zucker
50 g Butter in Stückchen
400 g Schlagsahne (mind. 30 % Fett)

ZUSÄTZLICH:

evtl. etwa 150 ml Eierlikör

PRO STÜCK:

E: 4 g, F: 21 g, Kh: 34 g, kcal: 350

1. Den Backofen vorheizen.
Ober-/Unterhitze: etwa 180 °C
Heißluft: etwa 160 °C

2. Für den Teig Butter oder Margarine mit einem Mixer (Rührstäbe) auf höchster Stufe geschmeidig rühren. Nach und nach Zucker und 1 großzügige Prise Salz unterrühren. So lange rühren, bis eine gebundene Masse entstanden ist. Eier einzeln unterrühren (jedes Ei etwa ½ Minute).

3. Mehl mit Backpulver mischen, abwechselnd mit der Milch auf mittlerer Stufe unterrühren.

4. Den Teig in eine Springform (Ø 26 cm, gefettet, oder mit Backpapier belegt) geben und glatt streichen. Die Form auf dem Rost in den vorgeheizten Backofen schieben. Den Boden **in 25–28 Minuten goldbraun backen.**

5. Die Form auf einen Kuchenrost setzen. Den Boden in der Form erkalten lassen.

6. Boden aus der Form lösen und auf eine Tortenplatte setzen. Einen Tortenring darumstellen.

7. Für den Belag Äpfel entstielen, schälen, halbieren, entkernen und fein würfeln oder grob raspeln. Zitronensaft untermischen.

8. Gelatine nach Packungsanleitung einweichen. Eier, Pudding-Pulver, 3 Esslöffel Zucker und 50 ml Apfelsaft glatt verschlagen. Restlichen Zucker mit Apfelsaft, Vanillin-Zucker und Butter in einem Topf mischen und unter Rühren bei schwacher Hitze aufkochen. Vorbereitete Apfelwürfel oder -raspel untermischen und kurz kochen lassen.

9. Angerührte Ei-Pudding-Pulver-Mischung in die von der Kochstelle genommene Apfelmasse rühren, unter ständigem Rühren zum Kochen bringen und unter Rühren etwa 1 Minute kochen lassen. Achtung, die Masse setzt rasch am Topfboden an! Die Apfelmasse in eine Schüssel füllen, kurz abkühlen lassen. Eingeweichte Gelatine ausdrücken, die Blätter einzeln gründlich unter die Apfelmasse rühren und sorgfältig auflösen.

10. Die Apfelmasse noch heiß auf den Tortenboden geben, gleichmäßig verteilen und erkalten lassen. Die Form mit Frischhaltefolie belegt mindestens 2 Stunden, besser über Nacht, in den Kühlschrank stellen.

11. Kurz vor dem Servieren Sahne steif schlagen und unregelmäßig auf der Apfelmasse verstreichen. Tortenring lösen und entfernen.

12. Nach Belieben Eierlikör auf die Sahne träufeln und die Apfeltorte nach Mecklenburger Art servieren.

AUSZOGENE (SCHMALZKÜCHLEIN)

Bayern

Zubereitungszeit: 50 Minuten
Teiggeh-/Ruhezeit: 70–75 Minuten
Frittierzeit: je Stück etwa 1 Minute

ZUTATEN FÜR 12–14 STÜCK

250 g Magerquark
420 g Weizenmehl (Type 550)
30 g frische Hefe
125 ml lauwarme Milch (3,5 % Fett)
50 g Zucker
2 Eigelb (Größe M)
1 TL abger. Schale von 1 Bio-Zitrone (unbehandelt, ungewachst)
50 g zerlassene, abgekühlte Butter

ZUM WENDEN UND AUSBACKEN:

etwa 100 g Zucker
1 Pck. Bourbon-Vanille-Zucker
evtl. 1 Prise gem. Zimt
etwa ½ l hoch erhitzbares Frittieröl und 150 g Butterschmalz

PRO STÜCK:

E: 8 g, F: 9 g, Kh: 40 g, kcal: 274

1. Den Quark in ein feines Sieb geben und gut abtropfen lassen.

2. Für den Teig Mehl in eine Rührschüssel geben und in die Mitte eine Vertiefung eindrücken. Hefe hineinbröckeln, mit etwas Milch und Zucker verrühren und zugedeckt an einem warmen Ort etwa 15 Minuten gehen lassen.

3. Quark mit Eigelb verrühren und zum Hefevorteig geben. Restliche Milch, 1 großzügige Prise Salz, Zitronenschale und Butter hinzufügen und mit einem Mixer (Knethaken) zunächst auf niedrigster Stufe in etwa 5 Minuten zu einem glatten Teig verarbeiten, dann auf mittlerer Stufe 1 weitere Minute durchkneten.

4. Den Teig auf einer bemehlten Arbeitsfläche nochmals mit den Händen gut durchkneten, bis er locker ist und seidig glänzt. Dabei noch etwas Mehl unterkneten, sodass der Teig nicht mehr an den Händen klebt. Den Teig zu einer Kugel formen, in eine mit Mehl ausgestäubte Schüssel legen und zugedeckt und an einem warmen Ort etwa 40 Minuten bis zur doppelten Größe aufgehen lassen.

5. Den gegangenen Teig auf der bemehlten Arbeitsfläche nochmals gut durchkneten und in 12–14, jeweils 70–80 g große Portionen teilen. Diese zu Kugeln formen. Die Teigkugeln auf eine leicht mit Mehl bestäubte Platte setzen, mit etwas Mehl bestäuben und mit Frischhaltefolie belegt weitere 15–20 Minuten gehen lassen.

6. In der Zwischenzeit Zucker mit Vanille-Zucker und nach Belieben mit Zimt mischen.

7. In einer Fritteuse oder in einem hohen Topf das Frittieröl mit Butterschmalz auf etwa 175 °C erhitzen (zum Testen einen Holzlöffelstiel ins heiße Fett halten. Steigen daran feine Blasen auf, ist das Fett ausreichend erhitzt).

8. Die Hefekugeln einzeln jeweils mit leicht bemehlten Händen sacht von der Mitte aus dünn rund ausziehen, dabei einen gleichmäßig leicht wulstigen Rand formen. Maximal 1–2 Küchlein ins heiße Fett gleiten lassen und die Unterseiten goldbraun frittieren. Dann die Küchlein mit zwei Gabeln vorsichtig wenden und knusprig, mit goldener Mitte, fertig backen.

9. Die Schmalzküchlein mit einem Schaumlöffel herausnehmen, auf Küchenpapier geben und kurz abtropfen lassen.

10. Die Schmalzküchlein noch warm in dem Zimt-Zucker wenden. Warm oder kalt servieren.

BADENER WALNUSSTORTE

Baden

Zubereitungszeit: 55 Minuten, ohne Abkühlzeit
Backzeit: etwa 40 Minuten

ZUTATEN FÜR 12 STÜCKE

FÜR DEN BISKUITTEIG:

200 g Marzipan-Rohmasse
7 Eigelb (Größe M)
abger. Schale von 1 Bio-Zitrone (unbehandelt, ungewachst)
180 g Zucker
1 Pck. Vanillin-Zucker
7 Eiweiß (Größe M)
120 g Weizenmehl
2 gestr. TL Backpulver
200 g gem. Walnusskerne
100 g zerlassene, abgekühlte Butter

FÜR DEN GUSS:

200 g Nuss-Nougat-Creme
1–2 TL Kokosfett
etwa 20 g Zartbitter-Kuvertüre (etwa 50 % Kakaoanteil)

ZUM GARNIEREN:

16 Walnusskernhälften
evtl. einige Zuckerblümchen

ZUSÄTZLICH:

Holzstäbchen zum Verzieren

PRO STÜCK:

E: 11 g, F: 19 g, Kh: 42 g, kcal: 470

1. Den Backofen vorheizen.
Ober-/Unterhitze: etwa 180 °C
Heißluft: etwa 160 °C

2. Für den Teig Marzipan grob reiben und in eine Rührschüssel geben. Eigelb, Zitronenschale und 1 Prise Salz hinzugeben. Die Zutaten mit einem Mixer (Rührstäbe) auf höchster Stufe in 1 Minute schaumig schlagen. Zucker und Vanillin-Zucker mischen, in 1 Minute einstreuen, dann noch etwa 2 Minuten schlagen.

3. Eiweiß steif schlagen und auf die Eigelbcreme geben. Mehl mit Backpulver und Walnusskernen mischen und auf den Eischnee geben. Die Zutaten mit einem Teigspatel oder Schneebesen vorsichtig unter die Eigelbcreme heben. Zerlassene Butter vorsichtig zügig untermischen.

4. Den Teig in eine Springform (Ø 26 cm, gefettet) geben und glatt streichen. Die Form auf dem Rost in den vorgeheizten Backofen schieben. Den Tortenboden **etwa 40 Minuten backen.**

5. Die Form auf einen Kuchenrost setzen. Den Tortenboden in der Form erkalten lassen, aus der Form lösen und auf eine Platte setzen.

6. Für den Guss Nougat-Creme in einem kleinen Topf im Wasserbad bei schwacher Hitze unter Rühren schmelzen. Kokosfett unterrühren und alles cremig verrühren. Den Tortenboden damit bestreichen.

7. Kuvertüre reiben und ebenfalls wie zuvor beschrieben schmelzen. Kuvertüre in ein Pergamentpapiertütchen geben und die Kuvertüre von der Tortenmitte ausgehend in Form einer Spirale auf den noch feuchten Guss spritzen. Ein spitzes Holzstäbchen in gleichmäßigen Abständen achtmal von der Tortenmitte zum Rand durch den noch feuchten Guss ziehen. Diese Tortenachtel nochmals unterteilen, dazu das Holzstäbchen nun vom Rand zur Tortenmitte hin achtmal durch den Guss ziehen, sodass 16 Tortenstücke erkennbar sind.

8. Die Tortenoberfläche mit halbierten Walnusskernhälften und Zuckerblümchen garnieren. Den Guss fest werden lassen.

BADISCHER KÄSEKUCHEN

Baden
Zubereitungszeit: 50 Minuten, ohne Abkühlzeit
Backzeit: 70–75 Minuten

ZUTATEN FÜR 20 STÜCKE

FÜR DEN KNETTEIG:

225 g Weizenmehl
60 g Zucker
1 Pck. Vanillin-Zucker
150 g Butter oder Margarine

FÜR DEN QUARKBELAG:

1 kg Magerquark
60 g Speisestärke
250 g Zucker
4 Eier (Größe M)
1 Pck. Bourbon-Vanille-Aroma
1 Pck. Finesse Ger. Zitronenschale
3 EL Zitronensaft
500 g Schlagsahne (mind. 30 % Fett)

FÜR DIE STREUSEL:

150 g Weizenmehl
75 g Zucker
1 Pck. Vanillin-Zucker
100 g Butter

PRO STÜCK:

E: 11 g, F: 20 g, Kh: 39 g, kcal: 384

1. Für den Teig Mehl in eine Rührschüssel geben. Restliche Zutaten hinzufügen und mit einem Mixer (Knethaken) zunächst kurz auf niedrigster, dann auf höchster Stufe gut durcharbeiten. Anschließend auf einer leicht bemehlten Arbeitsfläche kurz zu einem Teig verkneten. Sollte er kleben, ihn in Frischhaltefolie gewickelt eine Zeit lang in den Kühlschrank stellen.

2. Den Backofen vorheizen.
Ober-/Unterhitze: etwa 200 °C
Heißluft: etwa 180 °C

3. Den Teig auf einem Backblech (30 x 40 cm, gefettet) ausrollen. Teigboden mehrmals mit einer Gabel einstechen. Das Backblech in den vorgeheizten Backofen schieben. Den Knetteigboden **etwa 15 Minuten vorbacken.**

4. Für den Quarkbelag Quark mit Speisestärke, Zucker, Eiern, Aroma, Zitronenschale und -saft gut verrühren. Sahne steif schlagen und unterheben.

5. Das Backblech auf einen Kuchenrost stellen. Den Gebäckboden etwas abkühlen lassen.

6. Die Backofentemperatur herunterschalten.
Ober-/Unterhitze: etwa 180 °C
Heißluft: etwa 160 °C

7. Einen Backrahmen um den Gebäckboden stellen. Die Quark-Sahne-Masse auf den vorgebackenen Knetteigboden geben und glatt streichen.

8. Für die Streusel Mehl in eine Rührschüssel geben, mit Zucker und Vanillin-Zucker vermischen und die Butter hinzufügen. Die Zutaten mit dem Mixer (Rührstäbe) zu Streuseln von gewünschter Größe verarbeiten. Die Streusel auf die Quark-Sahne-Masse streuen.

9. Das Backblech wieder in den heißen Backofen schieben und den Kuchen **in 55–60 Minuten fertig backen.**

10. Das Backblech auf einen Kuchenrost stellen und den Kuchen darauf erkalten lassen. Dann den Backrahmen lösen und entfernen. Den Kuchen in Stücke schneiden.

BAUMKUCHEN (GRILLKUCHEN)

Salzwedel, Sachsen-Anhalt

Zubereitungszeit: 80 Minuten, ohne Abkühlzeit
Grillzeit: etwa 2 Minuten je Schicht
▲ Mit Alkohol

ZUTATEN FÜR 7 STANGEN

FÜR DEN RÜHRTEIG:

8 Eiweiß (Größe M)
400 g Butter oder Margarine (zimmerwarm)
400 g Zucker
2 Pck. Vanillin-Zucker
2 Eier (Größe M)
8 Eigelb (Größe M)
100 ml Rum
250 g Weizenmehl
150 g Speisestärke
4 gestr. TL Backpulver

FÜR DEN GUSS:

400 g Zartbitter-Schokolade
(etwa 50 % Kakaoanteil)
3 EL Sonnenblumenöl

PRO STANGE:

E: 18 g, F: 20 g, Kh: 129 g, kcal: 1340

1. Einen Backrahmen auf etwa 25 x 28 cm ausziehen und auf ein Backblech (mit Backpapier belegt) stellen. Den Grill des Backofens vorheizen.

2. Für den Teig Eiweiß sehr steif schlagen. Butter oder Margarine in einer Rührschüssel mit einem Mixer (Rührstäbe) auf höchster Stufe geschmeidig rühren. Nach und nach Zucker, Vanillin-Zucker und 1 Prise Salz unterrühren. So lange rühren, bis eine gebundene Masse entstanden ist. Jedes Ei etwa ½ Minute auf höchster Stufe unterrühren. Eigelb mit Rum nach und nach unterrühren. Mehl mit Speisestärke und Backpulver mischen und in 2 Portionen auf mittlerer Stufe kurz unterrühren. Zuletzt den Eischnee vorsichtig unter den Teig heben.

3. Etwa 3 gehäufte Esslöffel Teig mit einem breiten Silikon-Backpinsel oder einem Tortenheber gleichmäßig in dem Backrahmen auf dem Backblech verstreichen. Backblech in den Backofen schieben (Abstand zwischen Grill und Teigschicht etwa 20 cm). Die Teigschicht unter dem vorgeheizten Grill in etwa 2 Minuten hellbraun backen.

4. Das Backblech aus dem Backofen nehmen und als zweite Schicht wieder 3 Esslöffel Teig auf die gebackene Schicht streichen. Das Backblech wieder unter den Grill schieben und auf diese Weise den ganzen Teig verarbeiten, dabei die Einschubhöhe nach Möglichkeit so verändern, dass der Abstand von etwa 20 cm zwischen Grill und Teigschicht bestehen bleibt.

5. Nach dem Backen den Backrahmen mit einem Messer lösen und entfernen. Den Kuchen mit dem Backpapier auf einen Kuchenrost ziehen und erkalten lassen. Anschließend den Kuchen der Länge nach in 7 etwa 4 cm breite Streifen schneiden.

6. Für den Guss Schokolade in Stücke brechen, mit Sonnenblumenöl im Wasserbad bei schwacher Hitze schmelzen und die Stangen damit überziehen. Guss trocknen lassen.

BAUMKUCHENTORTE MIT PISTAZIENMARZIPAN

Salzwedel, Sachsen-Anhalt

● Zubereitungszeit: 90 Minuten, ohne Abkühlzeit
Grillzeit: etwa 2 Minuten je Schicht
▲ Mit Alkohol

ZUTATEN FÜR 16 STÜCKE

ZUM VORBEREITEN:

400 g Marzipan-Rohmasse
50 g gem. Pistazienkerne
50 g Puderzucker

FÜR DEN RÜHRTEIG:

250 g Butter oder Margarine (zimmerwarm)
250 g Zucker
1 Pck. Vanillin-Zucker
2 Eier (Größe M)
4 Eigelb (Größe M)
75 ml Rum
150 g Weizenmehl
100 g Speisestärke
3 gestr. TL Backpulver
4 Eiweiß (Größe M)

FÜR DEN GUSS:

200 g Zartbitter-Kuvertüre
(etwa 50 % Kakaoanteil)
1 EL Speiseöl

ZUM BESTREUEN:

einige grob zerschnittene Pistazienkerne

PRO STÜCK:

E: 9 g, F: 31 g, Kh: 48 g, kcal: 518

1. Zum Vorbereiten das Marzipan in Stücke schneiden, mit Pistazienkernen und Puderzucker gut verkneten. Die Marzipanmasse in 4 gleich große Portionen teilen. 3 Portionen zu je einer Kugel formen und zwischen Frischhaltefolie zu runden Platten (Ø etwa 24 cm) ausrollen. Die Marzipanplatten in Frischhaltefolie einschlagen und beiseitelegen. Restliche Marzipanportion ebenfalls in Frischhaltefolie verpackt beiseitelegen.

2. Den Backofengrill vorheizen.

3. Für den Teig Butter oder Margarine mit einem Mixer (Rührstäbe) auf höchster Stufe geschmeidig rühren. Nach und nach Zucker, Vanillin-Zucker und 1 Prise Salz unterrühren. So lange rühren, bis eine gebundene Masse entstanden ist.

4. Eier und Eigelb einzeln unterrühren (jedes Ei/Eigelb etwa ½ Minute). Rum kurz unterrühren.

5. Mehl mit Speisestärke und Backpulver mischen, in 2 Portionen kurz auf mittlerer Stufe unterrühren. Eiweiß steif schlagen und unterheben.

6. Dann 2 Esslöffel des Teiges in eine Springform (Ø 26 cm, Boden gefettet, mit Backpapier belegt) geben, mit einem Tortenheber glatt streichen und etwa 2 Minuten unter dem vorgeheizten Backofengrill hellbraun backen.

7. Wieder 2 Esslöffel daraufstreichen und unter dem Grill hellbraun backen. Die dritte Schicht ebenso backen, dann eine Marzipanplatte auf die Gebäckschicht legen, mit 2 Esslöffeln Teig bestreichen und wie oben beschrieben backen. Nach der sechsten und neunten Teigschicht jeweils wieder eine Marzipanplatte darauflegen. Auf diese Weise den ganzen Teig verarbeiten.

8. Anschließend die Torte aus der Form lösen und auf einem mit Backpapier belegten Kuchenrost stürzen. Mitgebackenes Backpapier vorsichtig abziehen. Die Torte erkalten lassen.

9. Für den Guss die Kuvertüre in Stücke hacken, mit Speiseöl in einem kleinen Topf bei schwacher Hitze unter Rühren schmelzen.

10. Das restliche, beiseitegelegte Marzipan ausrollen. Einige runde Platten (Ø 4–6 cm) ausstechen, einschneiden und zu kleinen Tütchen formen. Die Tütchen teilweise in Kuvertüre tauchen oder damit besprenkeln. Die Marzipantütchen beiseitelegen.

11. Die Torte mit der restlichen Kuvertüre überziehen. Etwas antrocknen lassen.

12. Die Marzipantütchen in dem noch leicht feuchten Guss verteilen. Die Torte mit Pistazienkernen bestreuen. Guss fest werden lassen.

BAYERISCHER APFELSTRUDEL

Bayern

Zubereitungszeit: 50 Minuten, ohne Ruhezeit
Backzeit: etwa 50 Minuten

ZUTATEN FÜR 12 STÜCKE

FÜR DEN STRUDELTEIG:

50 g Butter oder Margarine oder
3 EL Sonnenblumenöl
200 g Weizenmehl
1 Prise Salz
75 ml lauwarmes Wasser

FÜR DIE FÜLLUNG:

1 kg Äpfel, z. B. Cox Orange, Elstar
90 g Butter oder Margarine
50 g Semmelbrösel
50 g Rosinen
100 g Zucker
1 Pck. Vanillin-Zucker
50 g gehackte Mandeln

PRO STÜCK:

E: 4 g, F: 13 g, Kh: 36 g, kcal: 279

1. Für den Teig Butter oder Margarine zerlassen. Mehl in eine Rührschüssel geben. Restliche Zutaten für den Teig mit dem zerlassenen Fett oder dem Sonnenblumenöl hinzufügen, mit dem Mixer (Knethaken) zunächst kurz auf niedrigster, dann auf höchster Stufe zu einem glatten Teig verarbeiten. In einem kleinen Topf Wasser kochen, das Wasser ausgießen. Den Topf abtrocknen.

2. Den Teig auf Backpapier in den heißen Topf legen. Den Topf mit dem Deckel verschließen und den Teig etwa 30 Minuten ruhen lassen.

3. Den Backofen vorheizen.
Ober-/Unterhitze: etwa 180 °C
Heißluft: etwa 160 °C

4. Für die Füllung Äpfel schälen, vierteln, entkernen und in feine Stifte schneiden. Butter oder Margarine zerlassen. Den Teig halbieren und jede Teighälfte auf einem großen bemehlten Geschirrtuch ausrollen.

5. Die Teige dünn mit etwas Fett bestreichen, mit den Händen zu je einem Rechteck (etwa 35 x 25 cm) ausziehen. Die Ränder, wenn sie dicker sind, abschneiden. Zwei Drittel des Fettes auf den Teigplatten verstreichen, Semmelbrösel daraufstreuen (an den Enden etwa 2 cm frei lassen).

6. Nacheinander Apfelstifte, Rosinen, Zucker, Vanillin-Zucker und Mandeln darauf verteilen.

7. Die frei gelassenen Teigränder der kurzen Seiten auf die Füllung klappen. Die Teigplatten mithilfe des Tuches von der längeren Seite aus aufrollen und an den Enden gut zusammendrücken. Die Strudel mit der Naht nach unten auf ein Backblech (gefettet) legen. Das Backblech in den vorgeheizten Backofen (unteres Drittel) schieben. Die Strudel **etwa 50 Minuten backen.**

8. Nach etwa 30 Minuten Backzeit die Strudel mit dem restlichen Fett bestreichen.

9. Nach dem Backen die Strudel auf dem Backblech auf einem Kuchenrost erkalten lassen oder warm servieren.

TIPP:

Nach Belieben Vanillesauce oder steif geschlagene Sahne dazureichen.

BAYERISCHER TOPFEN-STRUDEL (QUARKSTRUDEL)

Bayern
Zubereitungszeit: 40 Minuten
Ruhezeit: etwa 30 Minuten
Backzeit: etwa 45 Minuten

ZUTATEN FÜR 12 STÜCKE

FÜR DEN STRUDELTEIG:

125 g Weizenmehl
1 Prise Salz
1 Ei (Größe M)
2 EL lauwarmes Wasser
knapp 2 EL Speiseöl

FÜR DIE FÜLLUNG:

40 g Butter oder Margarine (zimmerwarm)
40 g Zucker
1 Ei (Größe M)
1 EL Zitronensaft
250 g Magerquark (Topfen)
1 Pck. Saucenpulver Vanille-Geschmack zum Kochen
2 EL Schlagsahne
240 g abgetropfte Aprikosenhälften (aus der Dose)
40 g Butter, 50 g Rosinen

etwas Puderzucker

PRO STÜCK:

E: 5 g, F: 9 g, Kh: 22 g, kcal: 192

1. Für den Teig Mehl in eine Rührschüssel geben. Restliche Zutaten für den Teig hinzufügen und mit dem Mixer (Knethaken) zunächst kurz auf niedrigster, dann auf höchster Stufe zu einem glatten Teig verarbeiten. In einem kleinen Topf Wasser kochen, das Wasser ausgießen und den Topf abtrocknen.

2. Den Teig auf Backpapier in den heißen Topf legen. Den Topf mit dem Deckel verschließen und den Teig etwa 30 Minuten ruhen lassen.

3. Den Backofen vorheizen.
Ober-/Unterhitze: etwa 180 °C
Heißluft: etwa 160 °C

4. Für die Füllung Butter oder Margarine geschmeidig rühren. Nach und nach Zucker, Ei, Zitronensaft, Quark, Saucenpulver und Sahne unterrühren. Aprikosenhälften fein würfeln. Den Teig halbieren und anschließend jede Teighälfte auf einem bemehlten Geschirrtuch zu einem Rechteck (etwa 30 x 40 cm) ausrollen.

5. Butter zerlassen. Die Teighälften mit etwas von der zerlassenen Butter bestreichen. Jedes Teigrechteck mit der Hälfte der Füllung bestreichen (an den Seiten etwa 3 cm frei lassen) und jeweils mit der Hälfte der Rosinen und Aprikosenwürfeln bestreuen. Die frei gelassenen Teigränder der langen Seiten auf die Füllung klappen. Die Teigplatten mithilfe des Tuches von der kurzen Seite aus aufrollen und an den Enden gut zusammendrücken.

6. Die Topfenstrudel mit der Naht nach unten auf ein Backblech (gefettet) legen und mit etwas von der Butter bestreichen. Das Backblech in den vorgeheizten Backofen (unteres Drittel) schieben. Die Strudel **etwa 45 Minuten backen.** Nach etwa 30 Minuten Backzeit die Strudel mit der restlichen Butter bestreichen.

7. Die Strudel auf dem Backblech auf einem Kuchenrost erkalten lassen oder warm servieren. Mit Puderzucker bestäuben.

TIPP:

Dazu schmeckt Vanillesauce.

BERGISCHE WAFFELN

Bergisches Land
Zubereitungszeit: 25 Minuten
Backzeit: 3–3½ Minuten pro Waffel

ZUTATEN FÜR 15 WAFFELN

FÜR DEN RÜHRTEIG:

250 g weiche Butter
150 g Zucker
1 Pck. Vanillin-Zucker
4 Eier (Größe M)
500 g Weizenmehl
1 gestr. TL Backpulver
etwa 375 g Buttermilch
2–3 EL flüssiger Honig

ZUM BESTÄUBEN:

etwas Puderzucker

PRO STÜCK:

E: 6 g, F: 16 g, Kh: 37 g, kcal: 315

1. Für den Teig Butter mit einem Mixer (Rührstäbe) auf höchster Stufe geschmeidig rühren. Nach und nach Zucker, Vanillin-Zucker und 1 Prise Salz unterrühren. So lange rühren, bis eine gebundene Masse entstanden ist.

2. Eier einzeln unterrühren (jedes Ei etwa ½ Minute). Mehl mit Backpulver mischen und abwechselnd mit der Buttermilch in etwa 3 Portionen auf mittlerer Stufe kurz unterrühren. Anschließend Honig unterrühren.

3. Ein Waffeleisen gut erhitzen und einfetten. Pro Waffel etwa 1½ Esslöffel Teig in das Waffeleisen füllen, die Waffeln von beiden Seiten goldbraun backen und einzeln auf einem Kuchenrost erkalten lassen. Die Waffeln mit Puderzucker bestäuben.

TIPP:

Traditionell werden die Waffeln mit Sauerkirschkompott und Sahne serviert. Sie sind Bestandteil der bergischen Kaffeetafel, auf der zu Kaffee aus der Dröppelminna Rübenkraut oder Konfitüre, Kompott, Sahne, Schwarzbrot, Rosinenbrot (Stuten), Milchreis mit Zucker und Zimt und eine Wurstplatte serviert werden.

REZEPTVARIANTE:

Für **einfache Waffeln** ein Waffeleisen auf höchster Stufe vorheizen (Dabei die Gebrauchsanleitung des Herstellers beachten). Für den Teig 175 g zimmerwarme Butter oder Margarine mit einem Mixer (Rührstäbe) geschmeidig rühren. Nach und nach 175 g Zucker und 1 Prise Salz unter Rühren hinzufügen, bis eine gebundene Masse entsteht. 4 Eier (Größe M) einzeln etwa ½ Minute unterrühren. 200 g Weizenmehl, 1 Päckchen Pudding-Pulver Vanille-Geschmack und 1 gestrichenen Teelöffel Backpulver mischen und abwechselnd mit 100 ml Milch oder Wasser in 2 Portionen kurz auf mittlerer Stufe unterrühren. Das Waffeleisen auf mittlere Temperatur zurückschalten und mit einem Silikon-Backpinsel mit etwas Sonnenblumenöl fetten. Für jede Waffel etwa 2 Esslöffel Teig in das Waffeleisen geben, mit dem Esslöffel verstreichen und nacheinander etwa 8 Waffeln goldbraun backen. Die Waffeln herausnehmen, nebeneinander auf einen Kuchenrost legen und lauwarm servieren. Bestäuben Sie die Waffeln mit Puderzucker und servieren Sie die Waffeln nach Belieben mit Crème fraîche oder leicht geschlagener Schlagsahne.

BERLINER NAPFKUCHEN

Berlin, Mitteldeutschland
Zubereitungszeit: 35 Minuten, ohne Abkühlzeit
Teiggeh-/Ruhezeit: etwa 75 Minuten
Backzeit: 55–60 Minuten

ZUTATEN FÜR 16 STÜCKE

FÜR DEN VORTEIG:

50 g Schlagsahne
500 g Weizenmehl
42 g frische Hefe
1 TL Zucker

FÜR DEN HEFETEIG:

150 g Schlagsahne
200 g Butter oder Margarine
150 g Zucker
1 Pck. Vanillin-Zucker
6 Tropfen Zitronen-Aroma (aus dem Röhrchen)
4 Eier (Größe M)
150 g Rosinen
150 g Korinthen
100 g gehackte Mandeln

ZUM BESTÄUBEN:

etwas Puderzucker

PRO STÜCK:

E: 7 g, F: 20 g, Kh: 47 g, kcal: 397

1. Für den Vorteig Sahne erwärmen. Das Mehl in eine Rührschüssel geben und in die Mitte eine Vertiefung drücken. Zerbröselte Hefe und Zucker in die Vertiefung geben. Die warme Sahne hinzufügen. Die 3 Zutaten mit etwas Mehl mit einer Gabel vorsichtig verrühren. Den Vorteig zugedeckt etwa 15 Minuten bei Zimmertemperatur gehen lassen.

2. Für den Hefeteig Sahne, Butter oder Margarine, Zucker, Vanillin-Zucker, Aroma, 1 Prise Salz und Eier zum Vorteig in die Rührschüssel geben. Die Zutaten mit einem Mixer (Knethaken) zunächst kurz auf niedrigster, dann auf höchster Stufe in etwa 5 Minuten zu einem glatten Teig verarbeiten. Rosinen, Korinthen und Mandeln kurz unterarbeiten. Den Teig zugedeckt so lange an einem warmen Ort gehen lassen, bis er sich sichtbar vergrößert hat, etwa 30 Minuten.

3. Den gegangenen Teig mit einem Mixer (Knethaken) auf höchster Stufe kurz durchkneten und in eine Napfkuchenform (Ø 24 cm, gefettet, gemehlt) füllen. Den Teig nochmals zugedeckt so lange an einem warmen Ort gehen lassen, bis er sich sichtbar vergrößert hat, etwa 30 Minuten.

4. In der Zwischenzeit den Backofen vorheizen.
Ober-/Unterhitze: etwa 180 °C
Heißluft: etwa 160 °C

5. Die Form auf dem Rost in den vorgeheizten Backofen schieben. Den Gugelhupf **55–60 Minuten backen.**

6. Die Form auf einen Kuchenrost stellen. Den Gugelhupf etwa 10 Minuten in der Form abkühlen lassen, dann aus der Form lösen und auf einen Kuchenrost stürzen.

7. Gugelhupf erkalten lassen und mit Puderzucker bestäuben.

TIPP:

Zu dem Gugelhupf Butter servieren.

ABWANDLUNG:

Statt mit Mandeln, Rosinen und Korinthen können Sie den Gugelhupf auch mit 100 g bunten Belegkirschen, 200 g getrockneten Aprikosen (beides grob gewürfelt) und 50 g gehackten Pistazienkernen zubereiten.

BERLINER PFANNKUCHEN (KRAPFEN)

- Zubereitungszeit: 1 Stunde, ohne Abkühlzeit
  Teiggeh-/Ruhezeit: etwa 50 Minuten
  Ausbackzeit: 3–4 Minuten je Portion
- ▲ Mit Alkohol

ZUTATEN FÜR 14–16 STÜCK

FÜR DEN HEFETEIG:

125 ml Milch (3,5 % Fett)
100 g Butter oder Margarine
500 g Weizenmehl
1 Pck. Trockenbackhefe
30 g Zucker
1 Pck. Vanillin-Zucker
3 Tropfen Rum-Aroma (aus dem Röhrchen)
1 gestr. TL Salz
2 Eier (Größe M)
1 Eigelb (Größe M)

ZUM AUSBACKEN:

1 ½ l Speiseöl zum Frittieren

FÜR DIE FÜLLUNG UND ZUM WENDEN:

300 g Konfitüre nach Belieben oder
250 g Pflaumenmus oder Gelee
etwas Zucker

PRO STÜCK:

E: 5 g, F: 11 g, Kh: 43 g, kcal: 299

1. Für den Teig Milch erwärmen und Butter oder Margarine darin zerlassen. Lauwarm abkühlen lassen.

2. Mehl in eine Rührschüssel geben und mit der Trockenbackhefe sorgfältig vermischen. Restliche Zutaten für den Teig hinzufügen und mit einem Mixer (Knethaken) zunächst kurz auf niedrigster, dann auf höchster Stufe in etwa 5 Minuten zu einem glatten Teig verarbeiten.

3. Den Teig zugedeckt so lange an einem warmen Ort gehen lassen, bis er sich sichtbar vergrößert hat, etwa 30 Minuten.

4. Dann den Teig auf einer leicht bemehlten Arbeitsfläche nochmals kurz verkneten und etwa 1 cm dick ausrollen. 14–16 Kreise (Ø etwa 7 cm) daraus ausstechen. Die Teigkreise zwischen zwei mit Mehl bestäubten Geschirrtüchern nochmals so lange gehen lassen, bis sie sich sichtbar vergrößert haben, etwa 20 Minuten.

5. Zum Ausbacken das Speiseöl in einem hohen Topf oder einer Fritteuse auf etwa 175 °C erhitzen, sodass sich um einen in das Fett gehaltenen Holzlöffelstiel Bläschen bilden.

6. Die Teigkreise portionsweise in das siedende Ausbackfett geben und darin von beiden Seiten goldbraun backen. Anschließend mit einem Schaumlöffel herausnehmen und auf Küchenpapier gut abtropfen lassen.

7. Für die Füllung Konfitüre durch ein Sieb streichen oder Pflaumenmus oder Gelee glatt rühren, in einen Spritzbeutel mit kleiner, langer Lochtülle füllen. In jeden Berliner damit seitlich durch den hellen Rand etwas von der Füllung spritzen.

8. Die Berliner noch warm in Zucker wenden und auf einem Kuchenrost erkalten lassen.

ABWANDLUNG:

Für **Berliner mit Zuckerguss** verrühren Sie Puderzucker mit so viel Wasser, dass ein streichfähiger Guss entsteht. Besonders weiß wird der Zuckerguss, wenn er statt mit Wasser mit Milch angerührt wird.

BIENENSTICH, GEFÜLLT

Mitteldeutschland

- Zubereitungszeit: 50 Minuten, ohne Abkühlzeit
  Teiggeh-/Ruhezeit: etwa 45 Minuten
  Backzeit: etwa 15 Minuten

ZUTATEN FÜR 20 STÜCKE

FÜR DEN HEFETEIG:

200 ml Milch (3,5 % Fett)
50 g Butter oder Margarine
375 g Weizenmehl
1 Pck. Trockenbackhefe
50 g Zucker
1 Pck. Vanillin-Zucker
1 Prise Salz
1 Ei (Größe M)

FÜR DEN BELAG:

150 g Butter
100 g Zucker
1 Pck. Vanillin-Zucker
1–2 EL Honig
4 EL Schlagsahne
200 g gehobelte Mandeln

FÜR DIE FÜLLUNG:

2 Pck. Pudding-Pulver
Vanille-Geschmack
750 ml Milch (3,5 % Fett)
100 g Zucker
100 g Butter

PRO STÜCK:

E: 6 g, F: 21 g, Kh: 34 g, kcal: 353

1. Für den Teig Milch in einem Topf erwärmen. Butter oder Margarine darin zerlassen.

2. Mehl in einer Rührschüssel mit Trockenbackhefe sorgfältig vermischen. Restliche Zutaten und die warme Milch-Fett-Mischung hinzufügen, mit dem Mixer (Knethaken) zunächst kurz auf niedrigster, dann auf höchster Stufe in etwa 5 Minuten zu einem glatten Teig verarbeiten. Den Teig zugedeckt so lange an einem warmen Ort gehen lassen, bis er sich sichtbar vergrößert hat, etwa 30 Minuten.

3. Für den Belag Butter mit Zucker, Vanillin-Zucker, Honig und Sahne unter Rühren langsam erhitzen. Mandeln unterrühren. Die Honig-Mandel-Masse abkühlen lassen, dabei ab und zu umrühren.

4. Das Backblech fetten. Den Backofen vorheizen.
Ober-/Unterhitze: etwa 200 °C
Heißluft: etwa 180 °C

5. Den Teig leicht mit Mehl bestreuen, auf der leicht bemehlten Arbeitsfläche nochmals kurz durchkneten und zu einer Rolle formen. Den Teig zu einem Rechteck (etwa 30 x 40 cm) ausrollen und in ein tiefes Backblech (30 x 40 cm, gefettet) legen. Den Belag auf dem Teig verstreichen.
Den Teig zugedeckt nochmals so lange an einem warmen Ort gehen lassen, bis er sich sichtbar vergrößert hat, etwa 15 Minuten.

6.. Das Backblech in den Backofen schieben und den Bienenstich **etwa 15 Minuten backen.**

7. Die Gebäckplatte auf dem Backblech auf einem Kuchenrost erkalten lassen. Dann die Gebäckplatte vom Backblech auf die Arbeitsfläche rutschen lassen. Die Platte zunächst vierteln, dann jedes Viertel einmal waagerecht durchschneiden.

8. Für die Füllung aus Pudding-Pulver, Milch und Zucker, aber mit nur 750 ml Milch, einen Pudding zubereiten. Die Butter unter den heißen Pudding rühren. Die Creme kalt stellen, dabei gelegentlich umrühren. Die Gebäckhälften mit der erkalteten Creme füllen.

BIENENSTICH-TORTE

Münsterland
Zubereitungszeit: 30 Minuten, ohne Abkühlzeit
Backzeit: etwa 30 Minuten

ZUTATEN FÜR 12 STÜCKE

FÜR DEN BISKUITTEIG:

4 Eier (Größe M)
150 g Zucker
1 Pck. Bourbon-Vanille-Zucker
125 g Weizenmehl
2 gestr. TL Backpulver
50 g abgezogene, gem. Mandeln

ZUM BESTREUEN:

100 g gehobelte Mandeln
15 g Zucker

ZUM BESTREICHEN:

25 g Butter

FÜR DIE FÜLLUNG:

1 Pck. Paradiescreme Vanille-Geschmack (Dessertpulver)
400 g Schlagsahne

PRO STÜCK:

E: 7 g, F: 22 g, Kh: 28 g, kcal: 330

1. Den Backofen vorheizen.
Ober-/Unterhitze: etwa 180 °C
Heißluft: etwa 160 °C

2. Für den Biskuitteig die Eier mit einem Mixer (Rührstäbe) auf höchster Stufe in 1 Minute schaumig schlagen. Zucker und Vanille-Zucker mischen, in 1 Minute einstreuen, dann noch etwa 2 Minuten schlagen.

3. Mehl mit Backpulver mischen, auf die Eiercreme geben und kurz auf niedrigster Stufe unterrühren. Zuletzt die Mandeln unterrühren.

4. Den Teig in einer Springform (Ø 26 cm, Boden gefettet, mit Backpapier belegt) verteilen, die gehobelten Mandeln daraufstreuen und diese mit Zucker bestreuen.

5. Die Form auf dem Rost in den vorgeheizten Backofen schieben. Den Kuchen **etwa 30 Minuten backen.**

6. Den Boden aus der Form lösen und auf einen Kuchenrost legen. Butter zerlassen, auf dem heißen Boden verteilen und den Boden erkalten lassen. Anschließend mitgebackenes Backpapier abziehen und den Boden einmal waagerecht durchschneiden.

7. Für die Füllung Dessertpulver und Sahne nach Packungsanleitung mit einem Mixer (Rührstäbe) in etwa 2 Minuten cremig schlagen.

8. Die Creme auf den unteren Boden streichen, den oberen Boden darauflegen und die Torte bis zum Servieren in den Kühlschrank stellen.

TIPPS:

Probieren Sie die Füllung statt mit Paradiescreme Vanille-Geschmack mit Paradiescreme Schokoladen- oder Karamell-Geschmack. Die Bienenstichtorte kann am Vortag komplett fertiggestellt werden. Sie zieht dann im Kühlschrank etwas durch. Sie können auch eine Füllung aus 100 g zimmerwarmer Butter, 10 g Puderzucker und 150 g Vanillepudding (aus dem Kühlregal, zimmerwarm) zubereiten. Dafür Butter und Puderzucker in einer Rührschüssel mit einem Mixer (Rührstäbe) hellcremig aufschlagen. Den Pudding esslöffelweise unterschlagen.

BLANKENHAINER KIRSCHKUCHEN

Thüringen

Zubereitungszeit: 20 Minuten, ohne Abkühlzeit
Backzeit: 50–55 Minuten

ZUTATEN FÜR 12 STÜCKE

500–600 g Kirschen (frisch, entsteint, TK oder aus dem Glas, abgetropft; je nach Geschmack Süß- oder Sauerkirschen)
6 Eier (Größe M)
175 g feiner brauner Zucker
150 g Weizenmehl
1 geh. TL gem. Zimt
200 g nicht abgezogene, gem. Mandeln

ZUM BESTÄUBEN:

etwas Puderzucker

ZUSÄTZLICH:

evtl. 250 g Schlagsahne (mind. 30 % Fett)
1 Pck. Vanillin-Zucker

PRO STÜCK:

E: 10 g, F: 18 g, Kh: 33 g, kcal: 340

1. Kirschen abspülen, abtropfen lassen, entstielen und entsteinen. TK-Kirschen leicht antauen lassen.

2. Den Backofen vorheizen.
Ober-/Unterhitze: etwa 180 °C
Heißluft: etwa 160 °C

3. Eier trennen. Eiweiß mit dem Mixer (Rührstäbe) auf höchster Stufe steif schlagen, dabei nach und nach 1 großzügige Prise Salz und etwa 50 g Zucker unterschlagen. Eischnee kurz in den Kühlschrank stellen.

4. Restlichen Zucker und Eigelb in einer Rührschüssel mit dem Mixer (Rührstäbe) auf höchster Stufe hellcremig aufschlagen, bis der Zucker gelöst ist.

5. Mehl und Zimt mischen, die Mandeln untermischen. Mehl-Mandel-Mischung in 2–3 Portionen unter die Eigelbcreme rühren.

6. Zunächst etwa ⅓ des Eischnees hinzugeben und mit dem Mixer (Rührstäbe) auf niedrigster Stufe unter den Teig rühren. Restlichen Eischnee in weiteren 2 Portionen hinzugeben und jeweils mit einem Teigspatel vorsichtig unterziehen, sodass ein luftiger Teig entsteht. Die Kirschen kurz locker unterheben.

7. Den Teig in eine Springform (Ø 26 cm, gefettet, mit Backpapier belegt) füllen und glatt streichen. Die Form auf dem Rost in den vorgeheizten Backofen schieben. Den Kuchen **in etwa 50 Minuten (bei Verwendung von leicht angetauten Kirschen etwa 55 Minuten) goldbraun backen.**

8. Die Form auf einen Kuchenrost stellen. Den Kuchen in der Form erkalten lassen. Dann den Kuchen aus der Form lösen, auf eine Tortenplatte setzen und mit Puderzucker bestäubt servieren.

9. Nach Belieben Sahne mit Vanillin-Zucker steif schlagen und zum Kuchen reichen.

BREMER KLÖBEN

Bremen, Hamburg, Kiel, Norddeutschland

Zubereitungszeit: 20 Minuten
Teiggeh-/Ruhezeit: etwa 50 Minuten
Backzeit: 40–50 Minuten

ZUTATEN FÜR 16 STÜCKE

500 g Weizenmehl
1 Pck. Trockenbackhefe
100 g Zucker
2 Eier (Größe M)
200 ml lauwarme Milch
125 g zerlassene, abgekühlte Butter
oder Margarine
½ TL gem. Zimt
½ TL gem. Kardamon
50 g abgezogene, gem. Mandeln
50 g fein gehacktes Zitronat (Sukkade)
200 g Rosinen

PRO STÜCK:

E: 6 g, F: 10 g, Kh: 40 g, kcal: 294

1. Für den Teig Mehl in eine Rührschüssel geben und mit der Trockenbackhefe sorgfältig vermischen. Zucker, Eier, 1 Prise Salz, Milch, Butter oder Margarine, Zimt, Kardamom, Mandeln und Zitronat hinzufügen. Die Zutaten mit einem Mixer (Knethaken) zunächst kurz auf niedrigster, dann auf höchster Stufe in etwa 5 Minuten zu einem glatten Teig verarbeiten. Sollte er kleben, noch etwas Mehl hinzufügen (aber nicht zu viel, der Teig muss weich bleiben).

2. Den Teig zugedeckt so lange an einem warmen Ort gehen lassen, bis er sich sichtbar vergrößert hat, etwa 30 Minuten.

3. Die Rosinen mit dem Mixer (Knethaken) kurz auf mittlerer Stufe unterarbeiten. Den Teig in eine Kastenform (30 x 11 cm, gefettet, mit Semmelbröseln ausgestreut) geben. Den Teig nochmals so lange an einem warmen Ort gehen lassen, bis er sich sichtbar vergrößert hat, etwa 20 Minuten.

4. In der Zwischenzeit den Backofen vorheizen.
Ober-/Unterhitze: etwa 180 °C
Heißluft: etwa 160 °C

5. Die Form auf dem Rost in den vorgeheizten Backofen schieben. Den Klöben **40–50 Minuten backen.**

6. Die Form auf einen Kuchenrost stellen. Den Klöben etwa 10 Minuten in der Form abkühlen lassen, dann aus der Form stürzen, wieder umdrehen und auf dem Kuchenrost erkalten lassen.

TIPPS:

Dieses süße Brot ist unter verschiedenen Bezeichnungen in Nord- und Westdeutschland bekannt. Im Rheinland heißt es auch Platz, Blatz oder Weck, in Norddeutschland auch Stuten. Es wird immer aus einem relativ fettreichen, süßen Hefeteig gemacht, wird meist in einer Kastenform gebacken, kann aber auch als Laib geformt werden. Je nach Zutaten werden die süßen Brote auch als Butterstuten, Rosinenstuten, Quarkstuten, Mandelblatz oder Rosinenplatz bezeichnet. Je nach Geschmack enthält es Rosinen oder Korinthen, Trockenfrüchte, Mandeln und/oder Gewürze.

DRESDNER CHRISTSTOLLEN

Dresden, Sachsen

- Zubereitungszeit: 35 Minuten, ohne Durchzieh- und Abkühlzeit
  Teiggeh-/Ruhezeit: 1 Stunde und 15 Minuten
  Backzeit: etwa 50 Minuten
  Haltbarkeit: 4–6 Wochen
- ▲ Mit Alkohol

ZUTATEN FÜR 16 STÜCKE

ZUM VORBEREITEN:

200 g Rosinen
100 g Korinthen
100 ml Rum

FÜR DEN HEFETEIG:

375 g Weizenmehl
42 g frische Hefe
100 ml lauwarme Milch (3,5% Fett)
50 g Zucker
1 Pck. Vanillin-Zucker
1 Pck. (15 g) Christstollengewürz
2 Eier (Größe M)
175 g Butter oder Margarine (zimmerwarm)
100 g gewürfeltes Orangeat
100 g gewürfeltes Zitronat (Sukkade)
100 g abgezogene, gem. Mandeln

ZUM BESTREICHEN UND BESTÄUBEN:

75 g Butter
etwas Puderzucker

PRO STÜCK:

E: 6 g, F: 18 g, Kh: 44 g, kcal: 379

1. Zum Vorbereiten Rosinen und Korinthen mit Rum übergießen und zugedeckt über Nacht durchziehen lassen.

2. Für den Teig Mehl in eine Rührschüssel geben und in die Mitte eine Vertiefung drücken. Hefe hineinbröckeln, mit etwas Milch und Zucker verrühren und etwa 15 Minuten gehen lassen.

3. Vanillin-Zucker, 1 Prise Salz, Gewürz, Eier und Butter oder Margarine hinzufügen. Die Zutaten mit einem Mixer (Knethaken) zunächst kurz auf niedrigster, dann auf höchster Stufe in etwa 5 Minuten zu einem glatten Teig verarbeiten.

4. Orangeat, Zitronat, Mandeln sowie die eingeweichten Rosinen und Korinthen mit der Flüssigkeit auf der leicht bemehlten Arbeitsfläche kurz unterkneten. Den Teig zugedeckt so lange an einem warmen Ort gehen lassen, bis er sich sichtbar vergrößert hat, etwa 30 Minuten.

5. Aus dem Teig einen Stollen formen. Dazu den Teig zu einem Rechteck (etwa 30 x 25 cm) ausrollen. Den Teig von der längeren Seite aus aufrollen und mit der Teigrolle der Länge nach eine Vertiefung eindrücken.

6. Dann die linke Seite leicht versetzt auf die rechte Seite schlagen. Den mittleren Teil mit den Händen der Länge nach zu einem Wulst formen. Den Stollen auf ein Backblech (mit 3 Lagen Backpapier belegt) legen und nochmals zugedeckt so lange an einem warmen Ort gehen lassen, bis er sich sichtbar vergrößert hat, etwa 30 Minuten.

7. In der Zwischenzeit den Backofen vorheizen.
Ober-/Unterhitze: etwa 250 °C
Heißluft: etwa 220 °C

8. Das Backblech in den vorgeheizten Backofen (unteres Drittel) schieben. Die Backofentemperatur sofort herunterschalten.
Ober-/Unterhitze: etwa 160 °C
Heißluft: etwa 140 °C
Den Stollen **etwa 50 Minuten backen.**

9. Zum Bestreichen die Butter in einem Topf zerlassen. Den Stollen mit den Backpapieren vom Backblech auf einen Kuchenrost ziehen, sofort mit der Butter bestreichen. Den Stollen erkalten lassen und dick mit Puderzucker bestäuben.

DRESDNER EIERSCHECKE

Dresden, Sachsen

◷ Zubereitungszeit: 40 Minuten, ohne Abkühlzeit
Teiggeh-/-Ruhezeit: etwa 30 Minuten
Backzeit: etwa 30 Minuten

ZUTATEN FÜR 20 STÜCKE

FÜR DEN HEFETEIG:

125 ml Milch (3,5 % Fett)
100 g Butter oder Margarine
300 g Weizenmehl
1 Pck. Trockenbackhefe
50 g Zucker
1 Pck. Vanillin-Zucker
4 Tropfen Zitronen-Aroma (aus dem Röhrchen)
1 Ei (Größe M)

FÜR DEN QUARKBELAG:

1 Pck. Pudding-Pulver Vanille-Geschmack
40 g Zucker
500 ml Milch (3,5 % Fett)
500 g Magerquark
50 g Rosinen

FÜR DIE EIERCREME:

4 Eiweiß (Größe M)
125 g Butter (zimmerwarm)
125 g Zucker
4 Eigelb (Größe M)
15 g Speisestärke

PRO STÜCK:

E: 8 g, F: 13 g, Kh: 27 g, kcal: 257

1. Für den Teig Milch in einem kleinen Topf erwärmen. Die Butter oder Margarine darin zerlassen.

2. Mehl in eine Rührschüssel geben und mit der Trockenbackhefe sorgfältig vermischen. Zucker, Vanillin-Zucker, Aroma, 1 Prise Salz, Ei und die warme Milch-Fett-Mischung hinzufügen. Die Zutaten mit einem Mixer (Knethaken) zunächst kurz auf niedrigster, dann auf höchster Stufe in etwa 5 Minuten zu einem glatten Teig verarbeiten. Den Teig zugedeckt so lange an einem warmen Ort gehen lassen, bis er sich sichtbar vergrößert hat, etwa 30 Minuten.

3. Für den Quarkbelag aus Pudding-Pulver, Zucker und Milch einen Pudding nach Packungsanleitung zubereiten. Den Pudding in eine Schüssel geben, Frischhaltefolie direkt auf die Puddingoberfläche legen, den Pudding erkalten lassen.

4. Den Backofen vorheizen.
Ober-/Unterhitze: etwa 180 °C
Heißluft: etwa 160 °C

5. Quark und Rosinen unter den erkalteten Pudding rühren. Den gegangenen Teig auf der leicht bemehlten Arbeitsfläche nochmals kurz durchkneten, zu einer Rolle formen und auf einem Backblech mit hohem Rand (30 x 40 cm, gefettet) ausrollen. Den Quarkbelag auf dem Teig verstreichen.

6. Für die Eiercreme Eiweiß steif schlagen. Die Butter mit dem Mixer (Rührstäbe) geschmeidig rühren. Nach und nach Zucker unterrühren. So lange rühren, bis eine gebundene Masse entstanden ist. Eigelb nach und nach unterrühren.

7. Den Eischnee auf die Eigelbmasse geben, Speisestärke daraufgeben und beides vorsichtig unterheben. Die Eiercreme auf dem Quarkbelag verteilen und glatt streichen.

8. Das Backblech in den vorgeheizten Backofen (unteres Drittel) schieben. Den Kuchen **etwa 30 Minuten backen.**

9. Das Backblech auf einen Kuchenrost stellen. Die Eierschecke darauf erkalten lassen.

EBERSWALDER SPRITZKUCHEN

Brandenburg

Zubereitungs- und Backzeit: 90 Minuten, ohne Abkühlzeit

ZUTATEN FÜR 25 STÜCK

ZUM AUSBACKEN:

1 ½ kg Ausbackfett oder 1 ½ l Speiseöl
Backpapier
etwas Butter oder Margarine

FÜR DEN BRANDTEIG:

250 ml Wasser
50 g Butter oder Margarine
150 g Weizenmehl
30 g Speisestärke
25 g Zucker
1 Pck. Vanillin-Zucker
5–6 Eier (Größe M)
1 gestr. TL Backpulver

FÜR DEN GUSS:

300 g Puderzucker
etwa 3 EL Zitronensaft
heißes Wasser

PRO STÜCK:

E: 2 g, F: 5 g, Kh: 19 g, kcal: 129

1. Zum Ausbacken das Ausbackfett oder Speiseöl in einem Topf oder einer Fritteuse auf etwa 175 °C erhitzen, sodass sich um einen in das Fett gehaltenen Holzlöffelstiel Bläschen bilden. Das Backpapier in 25 Quadrate (etwa 10 x 10 cm) schneiden und auf einer Seite mit Butter oder Margarine bestreichen.

2. Für den Teig Wasser mit Butter oder Margarine am besten in einem Stieltopf zum Kochen bringen. Topf von der Kochstelle nehmen.

3. Mehl mit Speisestärke mischen und auf einmal in die heiße Flüssigkeit geben. Alles mit einem Kochlöffel zu einem glatten Kloß verrühren, dann etwa 1 Minute unter ständigem Rühren erhitzen (abbrennen) und in eine Rührschüssel geben.

4. Zucker und Vanillin-Zucker mit dem Mixer (Knethaken) unterrühren. 5 Eier nacheinander auf höchster Stufe unter den Teig arbeiten. Das letzte Ei verschlagen und nur so viel davon unter den Teig arbeiten, dass er stark glänzt und in langen Spitzen an einem Löffel hängen bleibt. Backpulver unter den erkalteten Teig arbeiten.

5. Den Teig portionsweise in einen Spritzbeutel mit großer Sterntülle (Ø etwa 8 mm) füllen und in Form von Kränzen (Ø 6–7 cm) auf die vorbereiteten, gefetteten Backpapierquadrate spritzen.

6. Durch vorsichtiges Eintauchen der Papierquadrate in das siedende Fett die Kränzchen lösen und portionsweise schwimmend auf beiden Seiten hellbraun backen.

7. Die Spritzkuchen mit einem Schaumlöffel herausnehmen, auf Küchenpapier gut abtropfen lassen und auf einem Kuchenrost erkalten lassen.

8. Für den Guss Puderzucker mit Zitronensaft und so viel heißem Wasser glatt rühren, dass eine dickflüssige Masse entsteht. Das Gebäck damit bestreichen. Den Guss trocknen lassen.

EICHSFELDER SCHMANDKUCHEN

Thüringen

Zubereitungszeit: 50 Minuten, ohne Abkühlzeit
Teiggeh-/Ruhezeit: etwa 65 Minuten
Backzeit: etwa 40 Minuten

ZUTATEN FÜR 30 STÜCKE

FÜR DEN HEFETEIG:

350 g Weizenmehl, 30 g frische Hefe
165 ml lauwarme Milch
50 g Zucker
1 Ei (Größe M)
50 g Butter oder Margarine (zimmerwarm)

FÜR DIE PUDDINGCREME:

1 Pck. Pudding-Pulver Vanille-Geschmack
100 g Zucker
750 ml Milch (3,5 % Fett)
25 g Weichweizengrieß

600 g rote Johannisbeeren (frisch oder TK; alternativ andere säuerliche Früchte der Saison)

FÜR DEN SCHMANDGUSS:

2 Eiweiß (Größe M)
50 g Zucker
500 g Schmand (Sauerrahm)
2 Eigelb (Größe M)

ZUM BESTÄUBEN:

etwas Puderzucker

PRO STÜCK:

E: 4 g, F: 7 g, Kh: 20 g, kcal: 158

1. Für den Teig Mehl in eine Rührschüssel geben und in die Mitte eine Vertiefung eindrücken. Hefe hineinbröckeln, mit etwas Milch und Zucker verrühren und etwa 15 Minuten gehen lassen.

2. Anschließend restliche Milch, 1 großzügige Prise Salz, Ei, und Butter oder Margarine hinzufügen und mit einem Mixer (Knethaken) zunächst kurz auf niedrigster, dann auf höchster Stufe in etwa 5 Minuten zu einem glatten Teig verarbeiten.

3. Den Teig zu einer Kugel formen, in eine mit Mehl bestäubte Schüssel geben und zugedeckt an einem warmen Ort etwa 40 Minuten gehen lassen.

4. In der Zwischenzeit für die Puddingcreme Pudding-Pulver mit Zucker und 5 Esslöffeln Milch anrühren. Restliche Milch in einem Topf zum Kochen bringen. Angerührtes Pudding-Pulver in die von der Kochstelle genommene Milch rühren, Grieß unterrühren und alles unter Rühren zum Kochen bringen und kurz kochen lassen. Die Puddingcreme unter gelegentlichem Rühren etwas abkühlen lassen.

5. Den gegangenen Teig aus der Schüssel nehmen und auf einer leicht bemehlten Arbeitsfläche nochmals kurz durchkneten und zu einem Rechteck (30 x 40 cm) ausrollen. Die Teigplatte in eine Fettpfanne (30 x 40 cm, gefettet) legen und gleichzeitig rundherum einen kleinen Rand hochziehen. Zugedeckt etwa 10 Minuten gehen lassen.

6. Den Backofen vorheizen.
Ober-/Unterhitze: etwa 200°C
Heißluft: etwa 180 °C

7. Die Puddingcreme auf dem Hefeteig verteilen und glatt streichen.

8. Johannisbeeren putzen, abspülen, abtropfen lassen und entstielen. Johannisbeeren oder andere Früchte auf der Puddingcreme verteilen. (Tk-Beeren gefroren aufstreuen, ggf. in einzelne Beeren zerteilen, falls aneinander gefroren.)

9. Für den Schmandguss Eiweiß und 1 Prise Salz mit einem Mixer (Rührstäbe) auf höchster Stufe steif schlagen, Zucker dabei nach und nach unter-

schlagen. Schmand und Eigelb glatt verrühren, den Eischnee unterheben. Die Schmandcreme auf die Pudding-Frucht-Mischung geben und mit einer Teigkarte vorsichtig gleichmäßig verstreichen.

10. Die Fettpfanne in den vorgeheizten Backofen schieben. Den Kuchen **in etwa 40 Minuten goldbraun backen.**

11. Die Fettpfanne auf einen Kuchenrost stellen. Den Kuchen erkalten lassen.

12. Zum Servieren Kuchen in Stücke schneiden, mit Puderzucker bestäuben und anrichten.

TIPP:

Der Eichsfelder Schmandkuchen wird auch mit Rosinen statt mit frischen Früchten zubereitet.

EISERKUCHEN (NEUJAHRS-KUCHEN, HIPPEN)

Norddeutschland

Zubereitungszeit: 35 Minuten
Ruhezeit: am besten über Nacht
Backzeit: 2 1/2– 3 Minuten je Eiserkuchen

ZUTATEN FÜR 40 WAFFELN

(doppelte kleine Waffeln je Ø etwa 10 cm oder große Waffeln je Ø etwa 20 cm)
200 g brauner Kandis
2 Pck. Vanillin-Zucker
500 ml Wasser
250 g Butter
2 Eier (Größe M)
500 g Weizenmehl
1 TL gem. Kardamom
1–2 TL gem. Anis
1 TL gem. Zimt

ZUSÄTZLICH:

Eiserkuchen- bzw. Hörncheneisen

PRO STÜCK:

E: 2 g, F: 6 g, Kh: 14 g, kcal: 114

1. Kandis und Vanillin-Zucker mit dem Wasser in einem Topf bei schwacher Hitze auflösen. Butter zerlassen und etwas abkühlen lassen. Eier verschlagen und mit der Butter vermengen. Die Zuckersirupmischung zur Fett-Eier-Masse geben und gut unterrühren.

2. Dann Mehl, 1 Prise Salz und die Gewürze gut vermischen und portionsweise klümpchenfrei unterrühren. Den Teig zugedeckt über Nacht ruhen lassen.

3. Das Eiserkucheneisen vorheizen.

4. Für die Waffeln je etwa 1 Esslöffel Teig in das Eiserkucheneisen geben, das Waffeleisen schließen und den Eiserkuchen goldbraun backen.

5. Eiserkuchen nach Belieben sofort nach dem Backen über einem Kochlöffelstiel aufrollen oder zu Tütchen formen. Auf einem Kuchenrost vollständig erkalten lassen.

TIPPS:

Damit das Gebäck lange kross bleibt, in luftdicht schließbaren Gebäckdosen lagern. Statt Kardamom und Anis kann auch geriebener Ingwer und etwas gemahlener Zimt verwendet werden. Der Teig sollte leicht dickflüssig sein, falls er zu dick ist, etwas Wasser unterrühren.
Je dünner der Teig ist, desto feiner werden auch die Kuchen. Sie lassen sich dann aber schwieriger verarbeiten, man muss sehr schnell sein und sie brechen leicht. Etwas einfacher ist es, wenn man es zu zweit macht, einer backt die Kuchen im Eisen und der andere rollt oder formt sie.
Der Eiserkuchen ist auch unter dem Namen Weihnachts- oder Neujahrshörnchen, Klemmkuchen oder Krüllkoken bekannt.
Bevor es elektrische Eiserkuchen-Waffeleisen gab, wurden die Kuchen zwischen zwei heißen Eisenplatten im offenen Herdfeuer gebacken. Diese Eisenplatten waren oft aufwendig verziert, manchmal stand sogar das Rezept auf der Eisenplatte. Diese Eisen mit langen Hebelarmen werden auch als Klemmkuchen- oder Zangenbackeisen bezeichnet.

FRANKFURTER BETHMÄNNCHEN

Hessen

- Zubereitungszeit: 45 Minuten, ohne Trockenzeit
  Backzeit: etwa 15 Minuten
  Haltbarkeit: etwa 3 Wochen in gut schließenden Dosen

ZUTATEN FÜR 30 STÜCK

FÜR DEN TEIG:

1 Eiweiß (Größe M)
200 g abgezogene, gem. Mandeln
125 g Puderzucker
1 gestr. TL Speisestärke

ZUM BESTREICHEN UND GARNIEREN:

1 Eigelb (Größe M)
2 EL Wasser
50 g abgezogene, halbierte Mandeln
etwas Milch

PRO STÜCK:

E: 2 g, F: 5 g, Kh: 5 g, kcal: 75

1. Für den Teig Eiweiß mit einem Mixer (Rührstäbe) auf höchster Stufe sehr steif schlagen. Mandeln mit Puderzucker und Speisestärke mischen und kurz auf mittlerer Stufe unterrühren. Aus der Masse mithilfe von 2 Teelöffeln etwa 30 walnussgroße Kugeln formen.

2. Zum Bestreichen und Garnieren Eigelb mit Wasser verschlagen. Die Bethmännchen damit bestreichen. An jede Kugel 3 Mandelhälften drücken, sodass die Kugeln leicht spitz nach oben zulaufen.

3. Die Bethmännchen auf ein Backblech (mit Backpapier belegt) setzen und über Nacht trocknen lassen.

4. Den Backofen vorheizen.
Ober-/Unterhitze: etwa 180 °C
Heißluft: etwa 160 °C

5. Die Bethmännchen mit etwas Milch bestreichen. Das Backblech in den vorgeheizten Backofen schieben. Die Bethmännchen **etwa 15 Minuten backen.**

6. Die Bethmännchen mit dem Backpapier vom Backblech auf einen Kuchenrost ziehen. Bethmännchen erkalten lassen.

TIPPS:

Nach Belieben zusätzlich 1 Esslöffel Rosenwasser (aus der Apotheke) unter die Masse rühren. Verwenden Sie für die Bethmännchen gekaufte, gemahlene Mandeln, da selbst gemahlene Mandeln nicht fein genug gemahlen sind.

FRANKFURTER KRANZ

Frankfurt, Hessen
◷ Zubereitungszeit: 60 Minuten, ohne Kühlzeit
Backzeit: etwa 40 Minuten

ZUTATEN FÜR 16 STÜCKE

FÜR DEN RÜHRTEIG:

100 g Butter oder Margarine (zimmerwarm)
150 g Zucker
1 Pck. Vanillin-Zucker
4 Tropfen Zitronen-Aroma (aus dem Röhrchen)
3 Eier (Größe M)
150 g Weizenmehl
50 g Speisestärke
2 gestr. TL Backpulver

FÜR DEN KROKANT:

10 g Butter, 60 g Zucker
125 g gehackte Mandeln

FÜR DIE BUTTERCREME:

1 Pck. Pudding-Pulver Vanille-Geschmack
100 g Zucker, 500 ml Milch (3,5 % Fett)
250 g Butter (zimmerwarm)

ZUSÄTZLICH:

3 EL Johannisbeergelee oder Erdbeerkonfitüre
einige Belegkirschen

PRO STÜCK:

E: 5 g, F: 26 g, Kh: 38 g, kcal: 408

1. Den Backofen vorheizen.
Ober-/Unterhitze: etwa 180 °C
Heißluft: etwa 160 °C

2. Für den Teig Butter oder Margarine mit einem Mixer (Rührstäbe) auf höchster Stufe geschmeidig rühren. Nach und nach Zucker, Vanillin-Zucker, Aroma und 1 Prise Salz unterrühren. So lange rühren, bis eine gebundene Masse entstanden ist. Eier einzeln unterrühren (jedes Ei etwa ½ Minute).

3. Mehl mit Speisestärke und Backpulver mischen, in 2 Portionen kurz auf mittlerer Stufe unterrühren. Den Rührteig in eine Kranzform (Ø 22 cm, gefettet) geben und glatt streichen. Die Form auf dem Rost in den vorgeheizten Backofen (unteres Drittel) schieben. Den Gebäckkranz **etwa 40 Minuten backen.**

4. Die Form auf einen Kuchenrost stellen. Den Gebäckkranz etwa 10 Minuten in der Form abkühlen lassen, dann aus der Form lösen und auf einen mit Backpapier belegten Kuchenrost stürzen. Gebäckkranz erkalten lassen.

5. Für den Krokant Butter, Zucker und Mandeln in einer Pfanne unter Rühren so lange erhitzen, bis die Mandelmasse gebräunt ist. Krokantmasse auf ein Stück Alufolie geben und erkalten lassen.

6. Für die Buttercreme aus Pudding-Pulver, Zucker und Milch einen Pudding nach Packungsanleitung, aber mit 100 g Zucker, zubereiten. Pudding erkalten lassen (nicht kalt stellen), dabei gelegentlich durchrühren.

7. Butter mit dem Mixer (Rührstäbe) auf höchster Stufe geschmeidig rühren. Den erkalteten Pudding esslöffelweise unterrühren. Dabei darauf achten, dass Butter und Pudding Zimmertemperatur haben, da die Buttercreme sonst gerinnt.

8. Den Gebäckkranz zweimal waagerecht durchschneiden. Gelee mit einem Schneebesen glatt rühren oder Konfitüre durch ein Sieb streichen. Den unteren Gebäckboden damit bestreichen. Die beiden unteren Böden mit insgesamt der Hälfte der Buttercreme bestreichen. Alle Böden wieder zu einem Kranz zusammensetzen.

9. Mit der restlichen Buttercreme den Kranz vollständig bestreichen (1–2 Esslöffel abnehmen) und mit Krokant bestreuen.

10. Die abgenommene Buttercreme in einen Spritzbeutel mit Sterntülle (Ø etwa 5 mm) geben. Den Kranz damit verzieren und mit Belegkirschen garnieren. Den Frankfurter Kranz etwa 2 Stunden in den Kühlschrank stellen.

ABWANDLUNG:

Backen Sie den Frankfurter Kranz in einer großen Kranzform (Ø 26 cm). Dafür einen Rührteig aus 200 g zimmerwarmer Butter oder Margarine, 300 g Zucker, 2 Päckchen Vanillin-Zucker, 1 Röhrchen Rum-Aroma, 1 Prise Salz, 6 Eiern (Größe M), 300 g Weizenmehl, 100 g Speisestärke und 4 gestrichenen Teelöffeln Backpulver wie im Rezept beschrieben zubereiten und bei angegebener Backofentemperatur etwa 45 Minuten backen. Den Krokant aus 25 g Butter, 125 g Zucker und 200 g gehackten Mandeln zubereiten. Für die Buttercreme 2 Päckchen Pudding-Pulver Vanille-Geschmack, 200 g Zucker, 1 Liter Milch (3,5 % Fett) und 500 g zimmerwarme Butter verwenden. Den Gebäckkranz dreimal waagerecht durchschneiden und füllen. Außerdem benötigen Sie 150 g rotes Gelee oder Konfitüre und einige Belegkirschen.

FRANKFURTER MANDELBRENTEN

Frankfurt, Hessen

Zubereitungszeit: 40 Minuten, ohne Abkühlzeit
Backzeit: 10–14 Minuten

ZUTATEN FÜR 26–30 STÜCK

200 g abgezogene, geröstete, fein gem. Mandeln
100 g feiner Zucker
etwa 60 ml Rosenwasser (zum Backen, z. B. aus der Apotheke, Backshop, orientalischen Lebensmittelgeschäft oder Lebensmittelmärkten mit gut sortierter Backabteilung)
50 g Puderzucker
40 g Weizenmehl

250 g Mandelkerne mit Haut

ZUM AUSROLLEN UND BESTREICHEN:

etwas Puderzucker
1 Eigelb

ZUSÄTZLICH:

ovaler Plätzchenausstecher (etwa 6 x 3 cm)

PRO STÜCK:

E: 5 g, F: 10 g, Kh: 8 g, kcal: 143

1. Mandeln und Zucker in einen Blitzhacker geben, noch feiner mahlen und in eine Rührschüssel geben, das Rosenwasser daraufträufeln und alles mit einem Mixer (Rührstäbe) gut verrühren.

2. Puderzucker mit Mehl mischen, zur Mandelmasse geben und kurz glatt unterkneten. Den Mandelteig in Frischhaltefolie gewickelt eine Zeit lang in den Kühlschrank legen.

3. In der Zwischenzeit die Mandelkerne in Wasser legen und aufkochen lassen. Ca. 10 Minuten ziehen lassen. In ein Sieb gießen und abkühlen lassen. Die Mandelkerne aus den Schalen drücken, längs halbieren.

4. Den Backofen vorheizen.
Ober-/Unterhitze: etwa 180 °C
Heißluft: etwa 160 °C

5. Den Mandelteig in 2–3 Portionen auf der mit Puderzucker bestäubten Arbeitsfläche etwa knapp 1 cm dick ausrollen.

6. Mit einem Plätzchenausstecher ovale Plätzchen (etwa 6 x 3 cm) ausstechen. Den Ausstecher zwischendurch öfter in Mehl tauchen, damit die Mandelmasse nicht anklebt.

7. Die Teigplätzchen auf ein Backblech (mit Backpapier belegt) legen.

8. Eigelb verschlagen. Die Teigplätzchen damit bestreichen.

9. Jeweils etwa 8 Mandelhälften überlappend in der Art eines Tannenzapfens auf die bestrichenen Plätzchen legen und leicht eindrücken.

10. Das Backblech in den vorgeheizten Backofen schieben. Die Mandelbrenten **10–14 Minuten backen.**

11. Die Mandelbrenten mit dem Backpapier vom Backblech auf einen Kuchenrost ziehen und erkalten lassen.

FRÄNKISCHER APFELKUCHEN

Franken

Zubereitungszeit: 35 Minuten, ohne Abkühlzeit
Teiggeh-/Ruhezeit: etwa 35 Minuten
Backzeit: etwa 35 Minuten

ZUTATEN FÜR 20 STÜCKE

FÜR DEN HEFETEIG:

100 g Butter oder Margarine
450 g Weizenmehl
1 Pck. Trockenbackhefe
65 g Zucker
1 Ei (Größe M)
250 ml lauwarme Milch (3,5 % Fett)

FÜR DEN BELAG:

750 g Magerquark
50 ml Milch (3,5 % Fett)
2 Eier (Größe M)
100 g Zucker
1 Pck. Vanillin-Zucker
1 ¼ kg Äpfel, z. B. Boskop oder Elstar

ZUM BESTÄUBEN:

evtl. etwas Puderzucker

PRO STÜCK:

E: 9 g, F: 6 g, Kh: 34 g, kcal: 234

1. Für den Teig Butter oder Margarine zerlassen und abkühlen lassen.

2. Mehl in eine Rührschüssel geben und mit der Trockenbackhefe sorgfältig vermischen. Zucker, 1 Prise Salz, Ei, Milch und Butter oder Margarine hinzufügen.

3. Die Zutaten mit einem Mixer (Knethaken) zunächst kurz auf niedrigster, dann auf höchster Stufe in etwa 5 Minuten zu einem glatten Teig verarbeiten. Den Teig zugedeckt so lange an einem warmen Ort gehen lassen, bis er sich sichtbar vergrößert hat, etwa 20 Minuten.

4. Den gegangenen Teig leicht mit Mehl bestäuben, aus der Schüssel nehmen und auf der leicht bemehlten Arbeitsfläche nochmals kurz durchkneten. Den Teig zu einem Rechteck (etwa 35 x 45 cm) ausrollen und in ein tiefes Backblech oder in eine Fettpfanne (30 x 40 cm, gefettet) legen. Die Ränder leicht hochdrücken.

5. Für den Belag Quark mit Milch in einer Schüssel glatt rühren und auf dem Hefeteig verstreichen. Anschließend Eier mit Zucker und Vanillin-Zucker verschlagen und gleichmäßig auf der Quarkschicht verteilen.

6. Äpfel schälen, vierteln, entkernen und in dünne Spalten schneiden. Apfelspalten gleichmäßig auf die Quarkschicht legen. Den Teig nochmals zugedeckt so lange an einem warmen Ort gehen lassen, bis er sich sichtbar vergrößert hat, etwa 15 Minuten.

7. In der Zwischenzeit den Backofen vorheizen.
Ober-/Unterhitze: etwa 180 °C
Heißluft: etwa 160 °C

8. Das Backblech in den vorgeheizten Backofen schieben. Den Apfelkuchen **etwa 35 Minuten backen.**

9. Das Backblech auf einen Kuchenrost stellen. Den Kuchen darauf erkalten lassen. Den Apfelkuchen nach Belieben vor dem Servieren mit Puderzucker bestäuben.

FREIBURGER APFELKUCHEN

Baden

Zubereitungszeit: 60 Minuten, ohne Abkühlzeit
Backzeit: etwa 45 Minuten

ZUTATEN FÜR 20 STÜCKE

FÜR DEN KNETTEIG:

300 g Weizenmehl
1 gestr. TL Backpulver
75 g Zucker
1 Pck. Vanillin-Zucker
1 Ei (Größe M)
150 g Butter oder Margarine

FÜR DEN BELAG:

2 kg säuerliche Äpfel
75 g Zucker
75 g Rosinen
1 gestr. TL gem. Zimt
75 g gehobelte Haselnusskerne
evtl. etwas Zucker

FÜR DEN GUSS:

4 Eigelb (Größe M)
100 g Zucker
1 Pck. Vanillin-Zucker
4 ger. Zwiebäcke
250 g saure Sahne
4 Eiweiß (Größe M)

25 g gehobelte Haselnusskerne

PRO STÜCK:

E: 6 g, F: 17 g, Kh: 45 g, kcal: 373

1. Für den Teig Mehl mit Backpulver mischen und in eine Rührschüssel sieben. Zucker, Vanillin-Zucker, Ei und Butter oder Margarine hinzufügen. Die Zutaten mit einem Mixer (Knethaken) zunächst kurz auf niedrigster, dann auf höchster Stufe gut durcharbeiten.

2. Anschließend auf der bemehlten Arbeitsfläche zu einem glatten Teig verkneten. Sollte er kleben, ihn in Folie gewickelt eine Zeit lang kalt stellen.

3. Den Backofen vorheizen.
Ober-/Unterhitze: etwa 200 °C
Heißluft: etwa 180 °C

4. Den Teig auf einem Backblech (30 x 40 cm, gefettet) ausrollen. Den Teig mehrmals mit einer Gabel einstechen. Das Backblech in den vorgeheizten Backofen schieben und den Teigboden **etwa 15 Minuten vorbacken.**

5. Das Backblech auf einen Kuchenrost stellen.

6. Für den Belag Äpfel schälen, vierteln, entkernen und in kleine Stücke schneiden. Apfelstücke mit Zucker, Rosinen und Zimt in einem Topf unter Rühren leicht dünsten, abkühlen lassen. Haselnusskerne unterrühren, evtl. mit Zucker abschmecken. Die Apfelmasse auf dem vorgebackenen Gebäckboden verteilen.

7. Für den Guss Eigelb mit Zucker und Vanillin-Zucker schaumig schlagen. Geriebene Zwiebäcke und saure Sahne unterrühren. Eiweiß steif schlagen und unterheben.

8. Den Guss auf der Apfelmasse verteilen. Haselnusskerne daraufstreuen. Das Backblech wieder in den heißen Backofen schieben und den Kuchen **bei gleicher Backofentemperatur in etwa 30 Minuten fertig backen.**

FRIESENTORTE

Norddeutschland

Zubereitungszeit: 50 Minuten, ohne Kühlzeit
Backzeit: etwa 15 Minuten je Boden

ZUTATEN FÜR 12 STÜCKE

FÜR DEN KNETTEIG:

250 g Weizenmehl
1 Msp. Backpulver
2 Pck. Vanillin-Zucker
150 g Crème fraîche
175 g Butter oder Margarine (zimmerwarm)

FÜR DIE STREUSEL:

150 g Weizenmehl
75 g Zucker
1 Pck. Vanillin-Zucker
1 Msp. gem. Zimt
100 g Butter (zimmerwarm)

FÜR DIE FÜLLUNG:

500 g Schlagsahne (mind. 30 % Fett)
25 g Zucker
2 Pck. Sahnesteif
1 Pck. Vanillin-Zucker
450 g Pflaumenmus

PRO STÜCK:

E: 5 g, F: 38 g, Kh: 56 g, kcal: 585

1. Den Backofen vorheizen.
Ober-/Unterhitze: etwa 200 °C
Heißluft: etwa 180 °C

2. Für den Teig Mehl mit Backpulver in einer Rührschüssel mischen. Vanillin-Zucker, Crème fraîche und Butter oder Margarine hinzufügen. Die Zutaten mit einem Mixer (Knethaken) zunächst kurz auf niedrigster, dann auf höchster Stufe gut durcharbeiten. Anschließend auf einer leicht bemehlten Arbeitsfläche kurz zu einem Teig verkneten, in 4 gleich große Portionen teilen und zu Kugeln formen. Eine Teigportion gleichmäßig auf dem Boden einer Springform (Ø 26 cm, gefettet) ausrollen. Teig mehrmals mit einer Gabel einstechen und den Springformrand darumstellen.

3. Für die Streusel Mehl mit Zucker, Vanillin-Zucker und Zimt in einer Rührschüssel vermischen. Butter hinzufügen und mit dem Mixer (Rührstäbe) zu Streuseln von gewünschter Größe verarbeiten. Ein Viertel der Streusel gleichmäßig auf dem Knetteigboden verteilen. Die Form auf dem Rost in den vorgeheizten Backofen (unteres Drittel) schieben. Den Boden **etwa 15 Minuten backen.**

4. Die anderen 3 Böden ebenso vorbereiten und backen.

5. Die Böden sofort nach dem Backen vom Springformboden lösen und einzeln auf je einem Kuchenrost erkalten lassen. Einen der Tortenböden noch warm in 12 Tortenstücke schneiden.

6. Für die Füllung Sahne mit Zucker, Sahnesteif und Vanillin-Zucker steif schlagen und portionsweise in einen Spritzbeutel mit Sterntülle (Ø etwa 8 mm) füllen. Die 3 unzerteilten Böden mit jeweils einem Drittel des Pflaumenmuses bestreichen, je ein Drittel der Sahne daraufspritzen und mit dem geschnittenen Boden zu einer Torte zusammensetzen. Die Torte etwa 1 Stunde in den Kühlschrank stellen.

TIPPS:

Schneiden Sie die Torte vor dem Servieren am besten mit einem Sägemesser und bestreuen Sie den oberen Tortenrand mit etwas Puderzucker.

FRIESISCHE HAGEBUTTENSCHNITTEN

Norddeutschland

◷ Zubereitungszeit: 30 Minuten, ohne Trockenzeit
Backzeit: 25–30 Minuten

ZUTATEN FÜR 21 SCHNITTEN

2 Eiweiß (Größe M)
160 g feinkörniger Zucker
2 EL Zitronensaft
1 Pck. Bourbon-Vanille-Zucker
200 abgezogene, gem. Mandeln
2 EL Hagebuttenmark
rechteckige Oblaten (10 x 21 cm)

PRO STÜCK:

E: 2 g, F: 4 g, Kh: 7 g, kcal: 70

1. Den Backofen vorheizen.
Ober-/Unterhitze: etwa 140 °C
Heißluft: etwa 120 °C

2. Eiweiß mit einem Mixer (Rührstäbe) auf höchster Stufe steif schlagen. Nach und nach den Zucker unterschlagen. Zitronensaft, Vanille-Zucker und Hagebuttenmark vorsichtig auf niedrigster Stufe unterrühren.

3. Die Oblaten etwa fingerdick mit der Mandelmasse bestreichen und etwa 10 Stunden (am besten über Nacht) trocknen lassen.

4. Dann die Oblaten in etwa 3 cm breite Streifen schneiden, sodass Streifen von 3 x 10 cm Größe entstehen. Die Streifen auf ein Backblech (mit Backpapier beleget) legen. Das Backblech in den vorgeheizten Backofen schieben. Die Schnitten **in 25–30 Minuten goldbraun backen.**

HINWEIS:

Nur ganz frische Eiweiß verwenden (Legedatum beachten, mind. 23 Tage Resthaltbarkeit).

REZEPTVARIANTE:

Für **Friesenkekse** (ohne Foto) 250 g Weizenmehl mit 1 gestrichenem Teelöffel Backpulver mischen und in eine Rührschüssel geben. 100 g Zucker, 1 Pck. Vanillin-Zucker, 1 Röhrchen Rum-Aroma, 2 Esslöffel Wasser und 100 g zimmerwarme Butter oder Margarine hinzufügen. Die Zutaten mit einem Mixer (Knethaken) zunächst kurz auf niedrigster, dann auf höchster Stufe gut durcharbeiten. Anschließend auf einer bemehlten Arbeitsfläche kurz zu einem glatten Teig verkneten. Sollte er kleben, ihn in Frischhaltefolie gewickelt eine Zeit lang in den Kühlschrank legen. Den Backofen vorheizen (Ober-/Unterhitze: etwa 180 °C, Heißluft: etwa 160 °C). Aus dem Teig 2–3 Rollen (Ø etwa 3 cm) formen und diese in Farinzucker wenden. Teigrollen in Frischhaltefolie gewickelt einige Stunden oder über Nacht in den Kühlschrank legen. Teigrollen mit einem scharfen Messer in etwa ½ cm dicke Scheiben schneiden und jeweils die obere Seite in Farinzucker drücken. Teigscheiben auf Backbleche (mit Backpapier belegt) legen. Die Backbleche nacheinander (bei Heißluft zusammen) in den vorgeheizten Backofen schieben. Die Friesenkekse etwa 10 Minuten je Backblech backen. Die Kekse mit dem Backpapier von den Backblechen auf Kuchenroste ziehen und erkalten lassen.

FRIESISCHE TEETORTE

Friesland
◷ Zubereitungszeit: 40 Minuten,
ohne Quell- und Abkühlzeit
Backzeit: 8–10 Minuten je Boden

ZUTATEN FÜR 12 STÜCKE

ZUM VORBEREITEN:

150 g Rosinen, 100 ml Wasser
50 g Butter mit Buttermilch (39 % Fett)
50 g Joghurt (0,1 % Fett)

FÜR DEN TEIG:

3 Eiweiß (Größe M)
50 g Zucker
1 Pck. Vanillin-Zucker
120 g Weizenmehl
2 gestr. TL Backpulver
50 g Speisestärke
40 g Grümmelkandis (brauner Teekandis)

FÜR DIE TEE-CREME:

500 ml Milch (1,5 % Fett)
2 EL aromatisierter schwarzer Tee
(10 g lose Blätter, z. B. Ostfriesentee)
7 Blatt weiße Gelatine
150 g Schlagcreme (fettreduzierter Schlagsahneersatz, 21 % Fett, aus dem Kühlregal)
30 g Puderzucker

evtl. unbehandelte frische oder getrocknete Blütenblätter zum Garnieren

PRO STÜCK:

E: 5 g, F: 5 g, Kh: 33 g, kcal: 200

1. Zum Vorbereiten Rosinen und Wasser zugedeckt in einem Topf zum Kochen bringen. Topf von der Kochstelle nehmen. Rosinen etwa 10 Minuten quellen lassen. Dann Butter hinzugeben, alles fein pürieren und lauwarm abkühlen lassen. Joghurt unterrühren.

2. Den Backofen vorheizen.
Ober-/Unterhitze: etwa 200 °C
Heißluft: etwa 180 °C

3. Für den Teig Eiweiß mit einem Mixer (Rührstäbe) auf höchster Stufe steif schlagen. Nach und nach Zucker und Vanillin-Zucker unterschlagen. So lange schlagen, bis sich der Zucker aufgelöst hat und der Eischnee stark glänzt.

4. Rosinenpüree kurz unter den Eischnee rühren. Mehl mit Backpulver und Speisestärke gut vermischen und in 2 Portionen kurz auf niedrigster Stufe unterrühren.

5. Aus dem Teig 3 Böden backen. Dafür jeweils ein Drittel Teig auf einen Springformboden (Ø 26 cm, gefettet, mit Backpapier belegt) geben, glatt streichen, mit einem Drittel Kandis bestreuen. Die Böden ohne Springformrand nacheinander (bei Heißluft zusammen) in den vorgeheizten Backofen schieben. Jeden Boden **8–10 Minuten backen.**

6. Die Springformböden auf Kuchenroste stellen. Tortenböden nach etwa 5 Minuten lösen und auf mit Backpapier belegten Kuchenrosten erkalten lassen.

7. Für die Creme Milch und Tee zum Kochen bringen, von der Kochstelle nehmen und zugedeckt 3 Minuten ziehen lassen. Gelatine nach Packungsanleitung einweichen. Teemilch durch ein Sieb in eine Schüssel gießen. Teeblätter ausdrücken, dabei die Teemilch in der Schüssel auffangen. Eingeweichte Gelatine leicht ausdrücken, in der heißen Teemilch unter Rühren auflösen, abkühlen lassen. Teemilch in den Kühlschrank stellen.

8. Sobald die Teemilch anfängt zu gelieren, Schlagcreme mit Puderzucker steif schlagen und vorsichtig unterrühren. 3 Esslöffel von der Teecreme beiseitestellen.

9. Die restliche Teecreme in gleich großen Portionen auf 2 Tortenböden verstreichen. Die bestrichenen Böden aufeinandersetzen, mit dem unbestrichenen Boden belegen. Die Torte mit der beiseitegestellten Teecreme verzieren. Vor dem Servieren die Torte nach Belieben mit einigen vorbereiteten Blüten garnieren.

TIPPS:

Frische Blüten sollten ungespritzt und gewaschen sein. Es können auch Wildblumen wie zum Beispiel Gänseblümchen verwendet werden. Getrocknete Blütenblätter, wie Kornblumen, Ringelblumen oder Rosenblütenblätter, sollten Sie erst kurz vor dem Servieren auf die Torte streuen, da sie Feuchtigkeit anziehen.

FRIESISCHER PFLAUMENKUCHEN

Norddeutschland
Zubereitungszeit: 40 Minuten, ohne Abkühlzeit
Backzeit: etwa 45 Minuten

ZUTATEN FÜR 18 STÜCKE

ZUM VORBEREITEN:

250 g Butter

FÜR DEN STREUSELTEIG:

375 g Weizenmehl
120 g Zucker
1 Pck. Vanillin-Zucker
½ gestr. TL gem. Zimt
1 Ei (Größe M)

FÜR DEN BELAG:

330 g Holsteiner Pflaumenmus, stückig
395 g abgetropfte Pflaumenhälften (aus dem Glas)
1 kg Magerquark
125 g Schlagsahne
75 g Zucker
1 Pck. Pudding-Pulver Vanille-Geschmack
3 Eier (Größe M)

ZUM BESTÄUBEN:

evtl. etwas Puderzucker

PRO STÜCK:

E: 11 g, F: 16 g, Kh: 43 g, kcal: 362

1. Zum Vorbereiten Butter in einem kleinen Topf zerlassen und abkühlen lassen.

2. Für den Teig Mehl in eine Rührschüssel geben. Zucker, Vanillin-Zucker, Zimt, Ei und 175 g von der zerlassenen Butter hinzufügen. Die Zutaten mit einem Mixer (Rührstäbe) zunächst kurz auf niedrigster, dann auf höchster Stufe zu Streuseln von gewünschter Größe verarbeiten.

3. Einen Backrahmen auf ein Backblech (30 x 40 cm, gefettet) stellen. Zwei Drittel der Teigstreusel in dem Backrahmen verteilen und mit einem bemehlten Esslöffel zu einem Boden andrücken.

4. Den Backofen vorheizen.
Ober-/Unterhitze: etwa 180 °C
Heißluft: etwa 160 °C

5. Für den Belag Pflaumenmus auf den Streuselboden geben und glatt streichen. Die Pflaumenhälften darauf verteilen.

6. Quark mit Sahne, Zucker, Pudding-Pulver, Eiern und der restlichen zerlassenen Butter gut verrühren. Die Quark-Sahne-Masse vorsichtig auf den Pflaumenhälften verteilen. Restliche Teigstreusel daraufstreuen.

7. Das Backblech in den vorgeheizten Backofen schieben. Den Kuchen **etwa 45 Minuten backen.**

8. Das Backblech auf einen Kuchenrost stellen. Den friesischen Pflaumenkuchen erkalten lassen, in Stücke schneiden und nach Belieben mit Puderzucker bestäuben.

GEWÜRZBROT

Franken
Zubereitungszeit: 25 Minuten
Teiggeh-/Ruhezeit: 65–70 Minuten
Backzeit: etwa 45 Minuten

ZUTATEN FÜR 1 BROT (ETWA 850 G)

250 g Weizenkörner (oder Weizenvollkornmehl)
250 g Roggenkörner (oder mittelfeiner Roggen-Vollkornschrot)
2 ½ TL Trockenbackhefe
1 Pck. (15 g) Sauerteig-Extrakt (Tütchen; z. B. aus Reformhaus oder gut sortiertem Lebensmittelgeschäft)
2 gestr. TL Meersalz
je 2 TL Kümmel-, Fenchel- und Anissamen
1 TL gem. Koriander oder Koriandersamen
375–400 ml lauwarmes Wasser

INSGESAMT:

E: 55 g, F: 10 g, Kh: 307 g, kcal: 1748

1. Für den Teig Weizenkörner fein mahlen. Roggenkörner mittelfein mahlen. Beide Mehlsorten in eine Rührschüssel geben. Trockenbackhefe und Sauerteig-Extrakt sorgfältig untermischen. Salz, Kümmel-, Fenchel-, Anissamen, Koriander und Wasser hinzufügen.

2. Die Zutaten mit einem Mixer oder der Küchenmaschine (Knethaken) zunächst kurz auf niedrigster, dann auf höchster Stufe in etwa 5 Minuten zu einem glatten Teig verarbeiten. Den Teig zu einer Kugel formen, in die mit Mehl ausgestäubte Rührschüssel geben und zugedeckt so lange an einem warmen Ort gehen lassen, bis er sich sichtbar vergrößert hat, etwa 40 Minuten.

3. Den gegangenen Teig aus der Schüssel nehmen und auf einer leicht bemehlten Arbeitsfläche nochmals kurz durchkneten. Den Teig zu einem runden Brotlaib formen und auf ein Backblech (mit Mehl bestäubt) legen. Den Brotlaib mit Mehl bestäuben und zugedeckt nochmals so lange an einem warmen Ort gehen lassen, bis er sich sichtbar vergrößert hat, 25–30 Minuten.

4. Den Backofen rechtzeitig vorheizen.
Ober-/Unterhitze: etwa 250 °C
Heißluft: etwa 230 °C

5. Das Backblech in den vorgeheizten Backofen schieben. Das Brot **etwa 15 Minuten anbacken.**

6. Dann die Backofentemperatur reduzieren.
Ober-/Unterhitze: etwa 200 °C
Heißluft: etwa 180 °C
Das Gewürzbrot **etwa 30 Minuten fertig backen.**

7. Das Brot auf einem Kuchenrost erkalten lassen.

TIPPS:

Je nach Erntejahr, Herkunft und Lagerung fällt die Quell- und Wasseraufnahmefähigkeit von Getreide unterschiedlich aus, vor allem, wenn man mit frisch vermahlenem Getreide backt. Deshalb die Mehlmischung gegebenenfalls zunächst mit etwas weniger Wasser ankneten und nach und nach weiteres Wasser unterkneten, bis ein elastisch-fester, formbarer Teig entsteht.
Ein typisches Rillenmuster erhalten Sie, wenn Sie den Brotlaib während der zweiten Teiggehzeit in einen mit Mehl bestäubten Gärkorb legen und es vor dem Backen vorsichtig auf das Backblech (gefettet) stürzen. Haben Sie keine Getreidemühle, können Sie das Getreide im Reformhaus oder Bioladen frisch mahlen lassen.

GEWÜRZSTOLLEN

Sachsen
Zubereitungszeit: 40 Minuten
Backzeit: etwa 45 Minuten

ZUTATEN FÜR 40 SCHEIBEN (2 STOLLEN)

FÜR DEN TEIG:

6 Eier (Größe M)
500 g Zucker
1 TL gem. Gewürznelken
20 g gem. Zimt
500 g nicht abgezogene, ganze Mandeln
700 g Weizenmehl
1 Pck. Backpulver

ZUM BESTREICHEN:

1 verschlagenes Eigelb

PRO SCHEIBE:

E: 6 g, F: 8 g, Kh: 26 g, kcal: 200

1. Für den Teig Eier mit Zucker mit einem Mixer auf höchster Stufe schaumig schlagen. 1 Prise Salz, Nelken, Zimt und Mandeln hinzugeben. Mehl mit Backpulver mischen und mit dem Mixer (Knethaken) unterkneten.

2. Den Backofen vorheizen.
Ober-/Unterhitze: etwa 180 °C
Heißluft: etwa 160 °C

3. Den Teig halbieren, auf einer mit Mehl bestäubten Arbeitsfläche etwa 1 cm dick ausrollen und zu einem Stollen formen. Dazu den Teig zu einem Rechteck (20 x 30 cm) ausrollen. Den Teig von der längeren Seite aus aufrollen und mit der Teigrolle der Länge nach eine Vertiefung eindrücken. Die linke Seite leicht versetzt auf die rechte Seite schlagen. Zuletzt den mittleren Teil mit den Händen der Länge nach zu einem Wulst formen. Mit der anderen Teighälfte genauso verfahren.

4. Die Stollen auf ein Backblech (gefettet) legen und mit verschlagenem Eigelb bestreichen. Die Stollen **etwa 45 Minuten backen.**

5. Die Stollen vom Backblech nehmen und auf einem Kuchenrost erkalten lassen.

TIPPS:

In Alufolie verpackt bleiben die Stollen lange frisch. Sie können die Stollen zusätzlich mit Puderzucker bestäuben oder mit einem feinen Zimt-Zuckerguss überziehen. Dafür 200 g Puderzucker und 1 Teelöffel gemahlenen Zimt mischen und nach und nach so viel heißes Wasser unterrühren, dass ein dickflüssiger Guss entsteht. Den Stollen mit dem Guss bestreichen und auf den noch feuchten Guss nach Belieben zusätzlich geröstete Mandelblättchen oder -stifte streuen. Noch mehr „Knack“ und ein intensiveres Nussaroma erhalten die Stollen, wenn Sie die Hälfte der Mandeln durch leicht geröstete Haselnuss- oder Walnusskerne austauschen. Servieren Sie den Stollen zu Kaffee, Tee, Punsch oder Glühwein. Er schmeckt auch gut zum Frühstück, mit Butter, Konfitüre oder Gelee.

GEWÜRZTORTE

Süddeutschland

Zubereitungszeit: 25 Minuten, ohne Abkühlzeit
Ruhezeit: 1–2 Tage
Backzeit: 50–60 Minuten

ZUTATEN FÜR 12 STÜCKE

FÜR DEN RÜHRTEIG:

300 g Butter oder Margarine (zimmerwarm)
200 g Puderzucker
3 Eier (Größe M)
abger. Schale von 1 Bio-Zitrone (unbehandelt, ungewachst)
abger. Schale von 1 Bio-Orange (unbehandelt, ungewachst)
300 g Weizenmehl
2 gestr. TL Backpulver
1 gestr. TL gem. Zimt
½ gestr. TL gem. Gewürznelken
300 g gem. Haselnusskerne

ZUM BESTREICHEN UND BESTREUEN:

100 g Schwarzkirschkonfitüre
50 g gestiftelte Mandeln oder Haselnusskerne

ZUM BESTÄUBEN:

evtl. etwas Puderzucker

PRO STÜCK:

E: 9 g, F: 40 g, Kh: 42 g, kcal: 570

1. Den Backofen vorheizen.
Ober-/Unterhitze: etwa 180 °C
Heißluft: etwa 160 °C

2. Für den Teig Butter oder Margarine mit einem Mixer (Rührstäbe) auf höchster Stufe geschmeidig rühren. Nach und nach Puderzucker unterrühren. So lange rühren, bis eine gebundene Masse entstanden ist.

3. Die Eier einzeln unterrühren (jedes Ei etwa ½ Minute). Zitronen- und Orangenschale hinzufügen. Mehl mit Backpulver mischen und portionsweise auf mittlerer Stufe unterrühren. Zimt, Gewürznelken und die Haselnusskerne unterheben.

4. Zwei Drittel des Teiges in eine Springform (Ø 26 cm, gefettet) geben und glatt streichen.

5. Zum Bestreichen die Kirschkonfitüre gleichmäßig auf dem Teig verstreichen und mit Mandeln oder Haselnusskernen bestreuen.

6. Den restlichen Teig in einen Spritzbeutel mit Lochtülle (Ø 6 mm) füllen. Einen Rand und ein Gitter auf die Marmelade spritzen.

7. Die Form auf dem Rost in den vorgeheizten Backofen schieben. Die Gewürztorte **50–60 Minuten backen.**

8. Die Form auf einen Kuchenrost stellen. Die Gewürztorte aus der Form lösen und auf eine Tortenplatte legen.

9. Die Torte 1–2 Tage ruhen lassen. Nach Belieben mit Puderzucker bestäubt anrichten.

HAMBURGER FRANZBRÖTCHEN

Hamburg, Norddeutschland
Zubereitungszeit: 40 Minuten
Teiggeh-/Ruhezeit: etwa 60 Minuten
Backzeit: etwa 18 Minuten

ZUTATEN FÜR 12 STÜCK

FÜR DEN HEFETEIG:

250 ml Milch (3,5 % Fett)
70 g Butter
500 g Weizenmehl
42 g frische Hefe
70 g Zucker
1 Pck. Vanillin-Zucker
1 Ei (Größe M)
1 Prise Salz

FÜR DIE FÜLLUNG:

75 g Butter
100 g Zucker
3 TL gem. Zimt

PRO STÜCK:

E: 6 g, F: 12 g, Kh: 47 g, kcal: 321

1. Für den Teig Milch erwärmen und die Butter darin zerlassen.

2. Mehl in eine Rührschüssel geben. Hefe daraufbröckeln. Restliche Zutaten für den Teig hinzufügen und mit einem Mixer (Knethaken) zunächst kurz auf niedrigster, dann auf höchster Stufe in etwa 5 Minuten zu einem glatten Teig verarbeiten.

3. Teig zugedeckt so lange an einem warmen Ort gehen lassen, bis er sich sichtbar vergrößert hat, etwa 60 Minuten.

4. Den Backofen vorheizen.
Ober-/Unterhitze: etwa 180 °C
Heißluft: etwa 160 °C

5. Für die Füllung Butter in einem kleinen Topf zerlassen. Zucker und Zimt vermischen.

6. Den Teig auf einer leicht bemehlten Arbeitsfläche nochmals kurz durchkneten und dann zu einem Rechteck (etwa 50 x 40 cm) ausrollen. Den Teig mit Butter bestreichen und mit Zimt-Zucker bestreuen.

7. Das Teigrechteck von der längeren Seite aus aufrollen und in 12 gleich große Stücke schneiden. Jedes Stück von oben mit einem Kochlöffelstiel eindrücken und nochmals mit der Hand sehr flach drücken.

8. Franzbrötchen auf ein Backblech (mit Backpapier belegt) legen. Das Backblech in den vorgeheizten Backofen schieben. Die Brötchen **etwa 18 Minuten backen.**

9. Die Franzbrötchen auf einen Kuchenrost legen und erkalten lassen oder lauwarm verzehren.

HAMBURGER RUNDSTÜCKE

Zubereitungszeit: 50 Minuten, ohne Abkühlzeit
Teiggeh-/Ruhezeit: etwa 90 Minuten
Backzeit: 18–20 Minuten

ZUTATEN FÜR 10–12 STÜCK

500 g Weizenmehl (Type 550)
25 g frische Hefe
150 ml kaltes Wasser
1 Prise Zucker
1 geh. TL (7 g) Backmalz-Extraktpulver (enzymaktiv, aus dem Beutel, z. B. in Naturkostläden, gut sortierten Lebensmittelmärkten oder Backshops erhältlich)
1 leicht geh. TL (8 g) Salz
15 g (2 kleine TL) sehr weiche Butter
170 ml kalte Milch (3,5% Fett)

ZUM BESTREICHEN:

evtl. 1 leicht geh. TL (5 g) Speisestärke
evtl. 120 ml Wasser

PRO STÜCK:

E: 6 g, F: 2 g, Kh: 37 g, kcal: 202

1. Für den Teig Mehl in eine Rührschüssel geben und in die Mitte eine Vertiefung eindrücken. Hefe hineinbröckeln, mit etwas Wasser und Zucker verrühren und etwa 15 Minuten gehen lassen.

2. Anschließend restliches Wasser, Backmalz, Salz, Butter und Milch hinzufügen. Die Zutaten mit einem Mixer (Knethaken) zunächst auf niedrigster Stufe etwa 5 Minuten glatt verkneten. Dann auf mittlerer Stufe weitere etwa 5 Minuten zu einem glatten, leicht glänzenden Teig verarbeiten. Den Teig zu einer Kugel formen, in eine leicht bemehlte Schüssel geben und zugedeckt bei Zimmertemperatur etwa 30 Minuten gehen lassen.

3. Nach jeweils etwa 10 Minuten Teiggehzeit den Teig auf der leicht bemehlten Arbeitsfläche nochmals kurz kräftig durchkneten, wieder zu einer Kugel formen, zurück in die Schüssel geben.

4. In der Zwischenzeit nach Belieben zum Bestreichen Speisestärke in einem kleinen Topf hellbraun anrösten, in eine kleine Schüssel geben und abkühlen lassen, dann 30 ml kaltes Wasser unterrühren. Das restliche Wasser zum Kochen bringen, die angerührte Speisestärke unterrühren und unter Rühren einmal kurz aufkochen lassen.

5. Den gegangenen Teig auf einer bemehlten Arbeitsfläche mit einer Teigkarte in 10–12 gleich große (je 75– 85 g) Portionen teilen. Die Teiglinge nochmals durchkneten und runde, leicht längliche Brötchen daraus formen.

6. Die Teigbrötchen mit der Naht nach unten auf einem Backblech (mit Backpapier belegt) verteilen, dünn mit der Speisestärkemischung bestreichen und zugedeckt bei Zimmertemperatur etwa 45 Minuten gehen lassen, bis sie sich um ein Drittel vergrößert haben.

7. Nach etwa 35 Minuten Teiggehzeit die Brötchen an der Oberfläche mit einem sehr scharfen Messer, einer Rasierklinge oder einem Cuttermesser längs etwa 1 cm tief einschneiden, sodass die Brötchen beim Backen dort aufbrechen können. Weitere etwa 10 Minuten gehen lassen.

8. In der Zwischenzeit den Backofen vorheizen.
Ober-/Unterhitze: etwa 250 °C
Heißluft: etwa 230 °C

9. Die Teigbrötchen vor dem Backen evtl. nochmals mit der Speisestärkemischung bestreichen. Das Backblech in den vorgeheizten Backofen schieben. Sofort mit einer Wasser-Spritzflasche die Wände des Backofens mit etwas kaltem Wasser besprühen, die Backofentür rasch schließen. Die Backofentemperatur sofort herunterschalten.
Ober-/Unterhitze: etwa 230 °C
Heißluft: etwa 210 °C

10. Die Brötchen **in 18–20 Minuten goldbraun backen.** Nach etwa 10 Minuten Backzeit die Backofentür einmal kurz öffnen, damit feuchte Luft entweichen kann. Den Backofen auf Heißluft schalten, Brötchen knusprig-kross fertig backen.

11. Die Rundstücke mit dem Backpapier vom Backblech auf einen Kuchenrost ziehen und erkalten lassen.

HANNCHEN-JENSEN-TORTE

Norddeutschland
Zubereitungszeit: 65 Minuten, ohne Abkühlzeit
Backzeit: etwa 20 Minuten je Boden

ZUTATEN FÜR 16 STÜCKE

FÜR DEN RÜHRTEIG:

100 g Butter oder Margarine
100 g Zucker
1 Pck. Vanillin-Zucker
4 Eigelb (Größe M)
125 g Weizenmehl
½ gestr. TL Backpulver
2 EL Milch

FÜR DEN BELAG:

4 Eiweiß (Größe M)
200 g Zucker
80 g gehobelte Mandeln

FÜR DIE FÜLLUNG:

1 Pck. Pudding-Pulver Vanille-Geschmack
100 ml Wasser
25 g Zucker
300 g TK Himbeeren
250 g Schlagsahne (mind. 30 % Fett)
1 Pck. Sahnesteif
1 Pck. Vanillin-Zucker

PRO STÜCK:

E: 4 g, F: 14 g, Kh: 33 g, kcal: 284

1. Für den Teig Butter oder Margarine mit einem Mixer (Rührstäbe) auf höchster Stufe geschmeidig rühren. Nach und nach Zucker und Vanillin-Zucker unterrühren. So lange rühren, bis eine gebundene Masse entstanden ist.

2. Eigelb einzeln unterrühren. Mehl mit Backpulver mischen und abwechselnd mit der Milch kurz auf mittlerer Stufe unterrühren.

3. Den Backofen vorheizen.
Ober-/Unterhitze: etwa 180 °C
Heißluft: nicht geeignet

4. Den Teig halbieren. Jeweils eine Teighälfte in je eine Springform (Ø 26 cm, Boden gefettet) geben und glatt streichen.

5. Für den Belag Eiweiß mit dem Mixer (Rührstäbe) auf höchster Stufe steif schlagen. Der Schnee muss so fest sein, dass ein Messerschnitt sichtbar bleibt. Nach und nach Zucker unterschlagen.

6. Die Eischneemasse halbieren. Jeweils eine Hälfte auf je einen Boden streichen. Je 40 g Mandeln daraufstreuen. Die Formen nacheinander auf dem Rost in den vorgeheizten Backofen schieben. Jeden Boden **etwa 20 Minuten backen.**

7. Die Formen auf Kuchenroste stellen und die Böden in den Formen erkalten lassen.

8. Für die Füllung Pudding-Pulver mit etwas von dem Wasser anrühren. Restliches Wasser in einem Topf zum Kochen bringen. Zucker und Himbeeren hinzugeben und unter Rühren aufkochen lassen. Den Topf von der Kochstelle nehmen. Angerührtes Pudding-Pulver einrühren und alles unter Rühren nochmals aufkochen, dann erkalten lassen.

9. Einen Tortenboden auf eine mit Tortenspitze oder Backpapier belegte Tortenplatte legen und mit der Himbeermasse bestreichen. Danach Sahne mit Sahnesteif und Vanillin-Zucker steif schlagen, auf die Himbeermasse geben und verstreichen. Den zweiten Boden in 16 Stücke schneiden und auf die Sahne legen.

TIPP:

Die Himbeeren statt mit Pudding-Pulver mit Tortengusspulver andicken.

HANNOVERSCHER BUTTERKUCHEN

Hannover, Niedersachsen
Zubereitungszeit: 20 Minuten
Teiggeh-/Ruhezeit: etwa 45 Minuten
Backzeit: etwa 15 Minuten

ZUTATEN FÜR 20 STÜCKE

FÜR DEN HEFETEIG:

200 ml Milch (3,5 % Fett)
50 g Butter
375 g Weizenmehl
1 Pck. Trockenbackhefe
50 g Zucker
1 Pck. Vanillin-Zucker
1 Prise Salz
1 Ei (Größe M)

FÜR DEN BELAG:

100 g kalte Butter
75 g Zucker
1 Pck. Vanillin-Zucker
100 g gehobelte Mandeln

PRO STÜCK:

E: 4 g, F: 10 g, Kh: 22 g, kcal: 195

1. Für den Teig Milch erwärmen und Butter darin zerlassen.

2. Mehl in einer Rührschüssel mit Trockenbackhefe sorgfältig vermischen. Restliche Zutaten und die warme Milch-Butter-Mischung hinzufügen, mit dem Mixer (Knethaken) zunächst kurz auf niedrigster, dann auf höchster Stufe in etwa 5 Minuten zu einem glatten Teig verarbeiten. Den Teig zugedeckt so lange an einem warmen Ort gehen lassen, bis er sich sichtbar vergrößert hat, etwa 30 Minuten.

3. Den Teig leicht mit Mehl bestreuen, aus der Schüssel nehmen und auf der leicht bemehlten Arbeitsfläche nochmals kurz durchkneten. Den Teig auf einem Backblech (30 x 40 cm, gefettet) ausrollen.

4. Für den Belag mit einem Kochlöffelstiel leichte Vertiefungen in den Teig drücken und die Butter in Flöckchen gleichmäßig auf den Teig setzen. Zucker mit Vanillin-Zucker mischen, daraufstreuen und die Mandeln gleichmäßig darauf verteilen. Den Teig zugedeckt nochmals so lange an einem warmen Ort gehen lassen, bis er sich sichtbar vergrößert hat, etwa 15 Minuten.

5. Den Backofen vorheizen.
Ober-/Unterhitze: etwa 200 °C
Heißluft: etwa 180 °C

6. Das Backblech in den Backofen schieben und den Kuchen **etwa 15 Minuten backen.**

7. Das Backblech auf einen Kuchenrost stellen und den Kuchen darauf erkalten lassen.

REZEPTVARIANTE:

Butterkuchen mit Äpfeln
Schälen, vierteln und entkernen Sie 1 ½ kg Äpfel (z. B. Elstar). Die Äpfel klein schneiden, mit 4 Esslöffeln Zitronensaft, 2 Esslöffeln Wasser, 75 g Zucker und 1 Päckchen Bourbon-Vanille-Zucker zum Kochen bringen, bei schwacher Hitze etwa 15 Minuten dünsten, dann etwas abkühlen lassen und auf dem ausgerollten Teig verteilen. Eventuell noch 100 g Butterflöckchen darauf verteilen. 50 g Zucker mit 1–2 Teelöffeln gemahlenem Zimt mischen, daraufstreuen. Den Teig nochmals so lange an einem warmen Ort gehen lassen, bis er sich sichtbar vergrößert hat. Den Kuchen wie angegeben etwa 25 Minuten backen.

HARZER APFELKUCHEN

Niedersachsen, Sachsen-Anhalt, Thüringen

Zubereitungszeit: 60 Minuten, ohne Abkühlzeit
Teiggeh-/Ruhezeit: etwa 35 Minuten
Backzeit: etwa 45 Minuten

ZUTATEN FÜR 20 STÜCKE

FÜR DEN HEFETEIG:

75 g Butter
375 g Weizenmehl
1 Pck. Trockenbackhefe
50 g Zucker
1 Pck. Vanillin-Zucker
200 ml lauwarme Milch (3,5 % Fett)

1–1 ½ kg säuerliche Äpfel, z. B. Boskop

FÜR DEN BELAG:

1 l Milch (3,5 % Fett)
50 g Speisestärke
1 Pck. Pudding-Pulver Vanille-Geschmack
50 g Weichweizengrieß
150 g Zucker
1 Pck. Vanillin-Zucker
125 ml Milch (3,5 % Fett)
3 Eigelb (Größe M)
125 g Schlagsahne
3 Eiweiß (Größe M)

FÜR DEN GUSS:

125 g Schlagsahne (mind. 30 % Fett)
etwas Zitronensaft
1 Eigelb (Größe M)

PRO STÜCK:

E: 6 g, F: 11 g, Kh: 40 g, kcal: 286

1. Für den Teig Butter zerlassen und abkühlen lassen. Mehl in eine Rührschüssel geben und mit der Trockenbackhefe sorgfältig vermischen. Zucker, Vanillin-Zucker, 1 Prise Salz, Milch und Butter hinzufügen. Die Zutaten mit einem Mixer (Knethaken) zunächst kurz auf niedrigster, dann auf höchster Stufe in etwa 5 Minuten zu einem glatten Teig verarbeiten. Den Teig zugedeckt so lange an einem warmen Ort gehen lassen, bis er sich sichtbar vergrößert hat, etwa 20 Minuten.

2. Den gegangenen Teig auf der leicht bemehlten Arbeitsfläche nochmals kurz durchkneten. Dann auf einem Backblech (30 x 40 cm, gefettet, mit Backpapier belegt) ausrollen. Einen Backrahmen darumstellen.

3. Äpfel schälen, vierteln, entkernen und in Spalten schneiden. Den Teig leicht dachziegelartig mit den Apfelspalten belegen. Den Teig nochmals zugedeckt so lange an einem warmen Ort gehen lassen, bis er sich sichtbar vergrößert hat, etwa 15 Minuten.

4. In der Zwischenzeit für den Guss 1 Liter Milch zum Kochen bringen. Speisestärke mit Pudding-Pulver, Grieß, Zucker, Vanillin-Zucker und 1 Prise Salz mischen.

5. Die Mischung mit 125 ml Milch anrühren, dann unter Rühren in die von der Kochstelle genommene Milch rühren. Den Pudding etwa 3 Minuten unter Rühren kochen lassen, dann in eine Schüssel umfüllen. Sofort Frischhaltefolie direkt auf die Puddingoberfläche legen, damit sich keine Haut bildet. Den Pudding erkalten lassen.

6. Den Backofen vorheizen.
Ober-/Unterhitze: etwa 180 °C
Heißluft: etwa 160 °C

7. Eigelb und Sahne mit einem Schneebesen unter den erkalteten Pudding rühren. Eiweiß steif schlagen. Der Eischnee muss so fest sein, dass ein Messerschnitt sichtbar bleibt. Den Eischnee vorsichtig unter den Pudding heben.

8. Den Pudding auf die Apfelspalten geben und glatt streichen. Sahne steif schlagen. Zitronensaft und Eigelb vorsichtig unter die Sahne heben. Die

Masse auf den Pudding geben und glatt streichen (am besten mit einer Teigkarte). Das Backblech in den vorgeheizten Backofen schieben. Den Apfelkuchen **etwa 45 Minuten backen.**

9. Das Backblech auf einen Kuchenrost stellen und den Harzer Apfelkuchen darauf erkalten lassen. Den Backrahmen vorsichtig lösen und entfernen, Kuchen in Stücke schneiden, servieren.

HEIDESAND

Norddeutschland

- Zubereitungszeit: 60 Minuten, ohne Kühlzeit
  Backzeit: etwa 15 Minuten je Backblech
  Haltbarkeit: etwa 3 Wochen in gut schließenden Dosen

ZUTATEN FÜR 160 STÜCK (4 BACKBLECHE)

FÜR DEN KNETTEIG:

250 g Butter
250 g Zucker
1 Pck. Bourbon-Vanille-Zucker
2 EL Milch
1 TL fein abger. Schale von 1 Bio-Orange (unbehandelt, ungewachst)
350 g Weizenmehl
1 Msp. Backpulver

FÜR DEN ZUCKERRAND:

3 EL Zucker
2–3 TL Instant-Espresso-Pulver

PRO STÜCK:

E: 0 g, F: 1 g, Kh: 4 g, kcal: 27

1. Für den Teig Butter in einem Topf zerlassen und leicht bräunen lassen. Anschließend in eine Edelstahl- oder Porzellanschüssel geben und etwa 45 Minuten in den Kühlschrank stellen.

2. Die wieder fest gewordene Butter mit dem Mixer (Rührstäbe) auf höchster Stufe geschmeidig rühren. Nach und nach Zucker, Vanille-Zucker, 1 Prise Salz, Milch und Orangenschale unterrühren. So lange rühren, bis eine cremige Masse entstanden ist.

3. Mehl mit Backpulver mischen und zwei Drittel davon portionsweise auf mittlerer Stufe unterrühren. Den Teig auf einer leicht bemehlten Arbeitsfläche mit dem restlichen Mehlgemisch zu einem glatten Teig verkneten.

4. Aus dem Teig 4 etwa 2 cm dicke Rollen (Länge je etwa 20 cm) formen. Die Rollen in Frischhaltefolie gewickelt mindestens 1 Stunde in den Kühlschrank legen, bis sie hart geworden sind.

5. Den Backofen vorheizen.
   Ober-/Unterhitze: etwa 180 °C
   Heißluft: etwa 160 °C

6. Für den Rand Zucker und Instant-Espresso-Pulver mischen. Die harten Teigrollen in dem Zuckergemisch wälzen, dann in etwa ½ cm dicke Scheiben schneiden. Die Hälfte der Teigscheiben auf 2 Backbleche (leicht gefettet, mit Backpapier belegt) legen.

7. Die Backbleche nacheinander (bei Heißluft zusammen) in den vorgeheizten Backofen schieben. Die Plätzchen **etwa 15 Minuten je Backblech backen.**

8. In der Zwischenzeit die restlichen Plätzchen auf Backpapier wie beschrieben vorbereiten.

9. Die gebackenen Plätzchen mit dem Backpapier von den Backblechen auf Kuchenroste ziehen und erkalten lassen. Die vorbereiteten Plätzchen mit dem Backpapier auf die Backbleche ziehen und wie angegeben backen.

TIPPS:

Klassisch werden die Rollen nur in Zucker gewälzt. Sie können auch braunen Zucker oder Zimtzucker verwenden. Die Teigrollen über Nacht in den Kühlschrank legen und dann die Plätzchen am nächsten Tag wie angegeben backen.

HIMMELSTORTE

Westfalen

Zubereitungszeit: 90 Minuten, ohne Abkühlzeit
Backzeit: etwa 20 Minuten je Boden

ZUTATEN FÜR 16 STÜCKE

FÜR DEN BELAG:

5 Eiweiß (Größe M), 1 EL Zucker

FÜR DEN RÜHRTEIG:

250 g Butter oder Margarine (zimmerwarm)
200 g Zucker, 1 Pck. Vanillin-Zucker
5 Eigelb (Größe M)
250 g Weizenmehl
2 gestr. TL Backpulver

ZUM BESTREUEN:

40 g Zucker, 1 Msp. gem. Zimt
100 g gehobelte Mandeln

FÜR DIE FÜLLUNG:

390 g abgetropfte Stachelbeeren (aus dem Glas)
150 ml Stachelbeersaft (aus dem Glas)
2–3 gestr. TL Speisestärke, 3 TL Zucker
400 g Schmand (Sauerrahm)
150 g Crème fraîche
3 Pck. Sahnesteif
1 EL Zitronensaft

PRO STÜCK:

E: 7 g, F: 28 g, Kh: 37 g, kcal: 428

1. Den Backofen vorheizen.
Ober-/Unterhitze: etwa 180 °C
Heißluft: etwa 160 °C

2. Für den Belag Eiweiß mit einem Mixer (Rührstäbe) steif schlagen. Nach und nach Zucker und 1 Prise Salz kurz unterschlagen.

3. Für den Teig Butter oder Margarine mit dem Mixer (Rührstäbe) auf höchster Stufe geschmeidig rühren. Nach und nach Zucker und Vanillin-Zucker unterrühren. So lange rühren, bis eine gebundene Masse entstanden ist. Eigelb nach und nach unterrühren. Mehl mit Backpulver mischen, in 2 Portionen auf mittlerer Stufe kurz unterrühren.

4. Aus dem Teig 4 Böden backen. Dafür je ein Viertel des Teiges auf einem Springformboden (Ø 26 cm, gefettet) glatt streichen. Darauf achten, dass der Teig am Rand nicht zu dünn ist. Je ein Viertel des Eischnees darauf verteilen. Zucker mit Zimt mischen. Je ein Viertel der Mandeln und des Zimt-Zuckers auf die vorbereiteten Böden streuen. Die Böden ohne Rand nacheinander (bei Heißluft 2 Böden zusammen) auf dem Rost in den vorgeheizten Backofen schieben. Jeden Tortenboden **etwa 20 Minuten backen**.

5. Die Tortenböden mit den Springformböden etwa 10 Minuten auf einem Kuchenrost abkühlen lassen. Dann vorsichtig lösen, auf mit Backpapier belegten Kuchenrosten erkalten lassen.

6. Von den Stachelbeeren 150 ml Saft auffangen. Stärke mit 1 Teelöffel Zucker und 2 Esslöffeln von dem Saft anrühren. Restlichen Saft in einem Topf zum Kochen bringen. Angerührte Stärke in den von der Kochstelle genommenen Saft rühren, unter Rühren aufkochen lassen. Topf von der Kochstelle nehmen. Stachelbeeren unterrühren, erkalten lassen.

7. Schmand, Crème fraîche, restlichen Zucker und Sahnesteif mit dem Mixer (Rührstäbe) etwa 2 Minuten aufschlagen. Stachelbeerkompott und Zitronensaft unterheben.

8. Drei Tortenböden gleichmäßig mit der Creme bestreichen und zu einer Torte zusammensetzen. Den vierten Boden darauflegen.

9. Die Torte zugedeckt etwa 60 Minuten in den Kühlschrank stellen.

HOBELSPÄNE (RÄDERKUCHEN)

Zubereitungszeit: 60 Minuten

ZUTATEN FÜR 25 STÜCK

FÜR DEN TEIG:

325 g Weizenmehl
1 gestr. TL Backpulver
65 g Zucker
1 Pck. Finesse Ger. Zitronenschale
2 Eier (Größe M)
1–2 EL Milch oder Wasser
100 g Butter oder Margarine (zimmerwarm)

ZUM AUSBACKEN:

Ausbackfett

ZUM BESTÄUBEN:

Puderzucker

PRO STÜCK:

E: 2 g, F: 7 g, Kh: 13 g, kcal: 123

1. Für den Teig Mehl mit Backpulver in einer Rührschüssel mischen. Zucker, Zitronenschale, Eier, Milch oder Wasser und Butter oder Margarine hinzufügen.

2. Die Zutaten mit einem Mixer (Knethaken) zunächst kurz auf niedrigster, dann auf höchster Stufe gut durcharbeiten.

3. Anschließend auf einer leicht bemehlten Arbeitsfläche kurz zu einem glatten Teig verkneten. Sollte er kleben, ihn in Frischhaltefolie gewickelt eine Zeit lang in den Kühlschrank legen.

4. Zum Ausbacken das Ausbackfett in einem Topf oder in einer Fritteuse auf etwa 175 °C erhitzen, sodass sich um einen in das Fett gehaltenen Holzlöffelstiel sofort Bläschen bilden.

5. Den Teig auf einer leicht bemehlten Arbeitsfläche etwa knapp 3 mm dünn ausrollen.

6. Mit einem Teigrädchen oder scharfen Messer in Streifen von etwa 3 x 8 cm ausradeln bzw. schneiden.

7. Die Rechtecke jeweils in der Mitte etwa 4 cm lang einschneiden und dann ein Ende einmal durch den Einschnitt ziehen.

8. Hobelspäne portionsweise schwimmend von beiden Seiten in dem siedenden Ausbackfett goldbraun backen.

9. Hobelspäne mit einem Schaumlöffel herausnehmen, auf einem mit Küchenpapier belegten Kuchenrost kurz abtropfen lassen.

10. Hobelspäne noch warm mit Puderzucker bestäuben und möglichst frisch servieren.

TIPPS:

Die Hobelspäne können ohne Puderzucker 2–3 Tage in einer gut schließenden Dose aufbewahrt werden. Hobelspäne gibt es in verschiedenen Gegenden mit unterschiedlichen Namen, z. B. auch Schürzkuchen, und auch mit unterschiedlichen Teigen. Nur die Form ist gleich.

HONIGBROT MIT NÜSSEN

Norddeutschland

Zubereitungszeit: 25 Minuten, ohne Abkühlzeit
Backzeit: etwa 60 Minuten

ZUTATEN FÜR 20 STÜCKE

FÜR DEN TEIG:

250 g flüssiger Honig
150 g Zucker
80 g Butter oder Margarine
200 g Roggenmehl (Type 1150)
200 g Weizenmehl (Type 550)
1 Pck. Backpulver
3 gestr. TL Lebkuchengewürz
1 gestr. TL gem. Zimt
100 g gehackte Haselnusskerne
100 g Rosinen oder gehackte, kandierte Früchte
300 ml Milch (3,5 % Fett)

PRO STÜCK:

E: 3 g, F: 7 g, Kh: 36 g, kcal: 226

1. Für den Teig Honig mit Zucker und Butter oder Margarine in einem Topf unter Rühren zerlassen und etwa 2 Minuten kochen lassen. Honig-Fett-Mischung in eine Rührschüssel geben und lauwarm abkühlen lassen.

2. Den Backofen vorheizen.
Ober-/Unterhitze: etwa 180 °C
Heißluft: etwa 160 °C

3. Roggen-, Weizenmehl und Backpulver mischen, mit den Gewürzen, Haselnusskernen, Rosinen oder kandierten Früchten und Milch zur Honigmasse geben. Die Zutaten mit einem Mixer (Rührstäbe) auf höchster Stufe zu einem glatten Teig verrühren.

4. Den Teig in eine Kastenform (30 x 11 cm, gefettet) geben und glatt streichen. Die Form auf dem Rost in den vorgeheizten Backofen schieben. Das Honigbrot **etwa 60 Minuten backen.**

5. Die Form auf einen Kuchenrost stellen. Das Honigbrot etwa 10 Minuten in der Form abkühlen lassen, dann aus der Form lösen. Das Honigbrot auf einem mit Backpapier belegten Kuchenrost erkalten lassen.

TIPPS:

Sie können den Teig auch in einer Fettpfanne (30 x 40 cm, gefettet) glatt verstreichen, mit 70 g gestiftelten Mandeln bestreuen und bei gleicher Backofentemperatur etwa 25 Minuten backen.
Für dieses Honigbrot sollten sie einen möglichst kräftig-aromatischen Blütenhonig wählen, der dem Teig einen charakteristischen Geschmack verleiht. Typisch für norddeutsche Rezepte ist es, auch bei süßem Gebäck einen Teil Roggenmehl zu verwenden. Das kräftige, dunkle Mehl verleiht diesem Honigbrot das besondere Aroma und macht es länger haltbar. Wer ein etwas milderes Honigbrot bevorzugt, tauscht das Roggenmehl einfach durch Dinkelmehl (Type 630) aus.
Probieren Sie das Brot auch einmal mit getrockneten Cranberrys oder Sauerkirschen (statt Rosinen), die zuvor in Apfelsaft eingeweicht wurden.
Das Honigbrot hält sich, in Folie gewickelt, mindestens 10 Tage frisch, lässt sich aber auch problemlos einfrieren.

H

HUTZELBROTE, KLEINE

Süddeutschland

Zubereitungszeit: 40 Minuten, ohne Kühlzeit
Backzeit: etwa 15 Minuten je Backblech
Haltbarkeit: in einer Dose kühl und trocken aufbewahrt etwa 2 Wochen

ZUTATEN FÜR 8 STÜCK

FÜR DEN TEIG:

100 g flüssiger Honig
100 g Zucker
3 EL Wasser
1 Ei (Größe M)
420 g Weizenmehl
1–2 TL Lebkuchengewürz
½ TL gem. schwarzer Pfeffer
1 TL Natron

FÜR DIE FÜLLUNG:

350 g getrocknete Pflaumen
100 ml kochendes Wasser
100 g Haselnusskerne
1 TL gem. Zimt

ZUSÄTZLICH:

Ausstecher rund (Ø etwa 11 cm)

PRO STÜCK:

E: 9 g, F: 10 g, Kh: 87 g, kcal: 477

1. Für den Teig Honig, Zucker und 3 Esslöffel Wasser in einem Topf unter Rühren erwärmen, bis sich der Zucker gelöst hat. Die Masse in eine Rührschüssel geben und erkalten lassen. Das Ei unterrühren.

2. Mehl mit Lebkuchengewürz, Pfeffer und Natron mischen und hinzufügen. Die Zutaten mit den Händen zu einem glatten Teig verkneten. Den Teig in Frischhaltefolie gewickelt etwa 1 Stunde in den Kühlschrank legen.

3. Für die Füllung die Pflaumen grob hacken, in eine Schale geben und mit 100 ml kochendem Wasser übergießen. Nusskerne grob hacken. 2 Esslöffel davon zum Bestreuen beiseitelegen. Die restlichen Nusskerne und den Zimt mit den Pflaumenstücken vermischen.

4. Den Backofen vorheizen.
Ober-/Unterhitze: etwa 180 °C
Heißluft: etwa 160 °C

5. Den Teig auf der leicht bemehlten Arbeitsfläche nochmals kurz durchkneten und anschließend etwa ½ cm dick ausrollen. Aus der Teigplatte 8 Kreise (Ø etwa 11 cm) ausstechen. Die Pflaumenfüllung jeweils in die Mitte der Teigkreise geben. Die Seiten der einzelnen Kreise nach oben einschlagen, sodass die Pflaumenfüllung eingepackt ist.

6. Die Hutzelbrote umdrehen und etwas länglich drücken. Die Brote mit einem Messer 3–4-mal schräg eindrücken, mit etwas Wasser bestreichen und mit den beiseitegelegten Nusskernen bestreuen.

7. Die Hutzelbrote mit etwas Abstand auf Backbleche (mit Backpapier belegt) setzen. Die Backbleche nacheinander (bei Heißluft zusammen) in den vorgeheizten Backofen schieben. Die Hutzelbrote **etwa 15 Minuten je Backblech backen.**

8. Die Hutzelbrote mit dem Backpapier von den Backblechen auf Kuchenroste ziehen. Hutzelbrote erkalten lassen.

KALTER HUND (KALTE SCHNAUZE)

● Zubereitungszeit: 60 Minuten, ohne Kühlzeit

ZUTATEN FÜR 20 STÜCKE

FÜR DIE SCHOKOLADENCREME:

150 g Zartbitter-Kuvertüre
450 g Vollmilch-Kuvertüre
150 g Kokosfett
200 g Schlagsahne
2 Pck. Vanillin-Zucker

etwa 250 g Butterkekse

ZUSÄTZLICH:

großer Gefrierbeutel

PRO STÜCK:

E: 3 g, F: 23 g, Kh: 25 g, kcal: 326

1. Eine Kastenform (25 x 11 cm, gefettet) mit dem aufgeschnittenen Gefrierbeutel auslegen.

2. Für die Schokoladencreme beide Kuvertüren grob hacken. Kokosfett in Stücke schneiden. Sahne in einem Topf erwärmen, die Kuvertüren und das Kokosfett darin schmelzen und gut verrühren. Vanillin-Zucker unterrühren.

3. Die vorbereitete Kastenform mit einer Schicht Butterkekse auslegen, Kekse mit einem Sägemesser eventuell zurechtschneiden oder zerbrechen.

4. Nun so viel Schokoladencreme auf der Keksschicht verteilen, dass diese bedeckt ist. Abwechselnd Schokoladencreme und Kekse in die Kastenform einschichten (7–8 Schichten).

5. Die Kastenform etwa 5 Stunden kalt stellen (am besten über Nacht, damit die Creme fest wird).

6. Das Gebäck vorsichtig auf eine Platte stürzen. Gefrierbeutel vorsichtig abziehen und den Kalten Hund bis zum Servieren in den Kühlschrank stellen.

TIPPS:

Rühren Sie unter die Schokoladencreme 1 Päckchen Finesse Ger. Orangenschale. Oder verfeinern Sie die Schokoladencreme mit 2 Portionspäckchen (je 2 g) Instant-Espresso-Pulver.

REZEPTVARIANTE 1:

Für einen **kalten Hund mit Erdbeeren** verwenden Sie für die Erdbeer-Schokoladencreme 250 g Kokosfett, 500 g Joghurt-Erdbeer-Schokolade und 3 Esslöffel Erdbeerkonfitüre. Garnieren Sie den kalten Hund mit 6 geputzten frischen Erdbeeren, 50 g weißer Kuchenglasur und 1 Esslöffel Kakaopulver.

REZEPTVARIANTE 2:

Für einen **kalten Hund in Weiß** bereiten Sie eine Schokoladencreme aus 550 g weißer Kuvertüre, 250 g Schlagsahne und 4 Esslöffeln Kokosraspeln. Garnieren Sie den kalten Hund mit 100 g geputzten Physalis (Kapstachelbeeren) und 2 Esslöffeln Kokosspänen.

KAROTTENTORTE

Mitteldeutschland

Zubereitungszeit: 35 Minuten, ohne Kühlzeit
Backzeit: etwa 55 Minuten

ZUTATEN FÜR 14 STÜCKE

FÜR DEN KNETTEIG:

200 g Weizenmehl
½ gestr. TL Backpulver
60 g Zucker
125 g gut gekühlte Margarine oder Butter
1 Ei (Größe M)

FÜR DEN BELAG:

65 g Sultaninen
250 g Karotten
2 große, säuerliche Äpfel
Saft von 1 ½ Zitronen
1 Pck. Pudding-Pulver Vanille-Geschmack
65 g Zucker, 250 ml Milch (3,5 % Fett)
65 g gem. Haselnusskerne oder Kokosraspel

ZUM BESTREICHEN:

1 Eigelb
2 EL Schlagsahne

PRO STÜCK:

E: 4 g, F: 13 g, Kh: 29 g, kcal: 251

1. Für den Teig Mehl mit Backpulver in einer Rührschüssel mischen. 1 großzügige Prise Salz, Zucker, Margarine oder Butter und Ei hinzugeben. Die Zutaten mit einem Mixer (Knethaken) zunächst kurz auf niedrigster, dann auf höchster Stufe gut durcharbeiten. Anschließend auf einer leicht bemehlten Arbeitsfläche kurz zu einem Teig verkneten. Den Teig zu einer Scheibe formen, in Frischhaltefolie gewickelt mindestens 30 Minuten in den Kühlschrank legen.

2. In der Zwischenzeit für den Belag Sultaninen mit heißem Wasser abspülen und abtropfen lassen. Karotten putzen, schälen, abspülen und abtropfen lassen. 200 g Karotten raspeln. Äpfel schälen, halbieren und entkernen. Von den Äpfeln 350 g raspeln. Zitronensaft unter die geraspelten Äpfel mischen.

3. Pudding-Pulver mit 1 Esslöffel Zucker und 3 Esslöffeln Milch anrühren. Restliche Milch mit restlichem Zucker in einem Topf zum Kochen bringen. Angerührtes Pudding-Pulver in die von der Kochstelle genommene Milch rühren und unter Rühren nochmals aufkochen lassen. Den Pudding in eine Schüssel geben. Karotten-, Apfelraspel, Sultaninen und Nüsse oder Kokosraspel unterrühren.

4. Den Teig auf einer leicht bemehlten Arbeitsfläche zu einer etwa ½ cm dicken runden Platte (Ø etwa 28 cm) ausrollen. Die Teigplatte in eine Springform (Ø 26 cm, gefettet, mit Backpapier belegt) legen und einen hohen Rand formen.

5. Den Backofen vorheizen.
Ober-/Unterhitze: etwa 180 °C
Heißluft: etwa 160 °C

6. Den vorbereiteten Belag in die Form geben und glatt streichen. Den überstehenden Teigrand nach Belieben mit einer Gabel gleichmäßig bis zur Füllung herunterdrücken. Die Form auf dem Rost in den vorgeheizten Backofen (untere Schiene) schieben. Die Torte **etwa 40 Minuten backen.**

7. Zum Bestreichen Eigelb und Sahne verschlagen. Die Form auf einen Kuchenrost stellen. Den Belag vorsichtig mit der Eigelbsahne bestreichen. Die Form wieder auf dem Rost in den heißen Backofen (mittlere Schiene) schieben. Die Torte **in weiteren etwa 15 Minuten goldbraun fertig backen.**

8. Die Form auf einen Kuchenrost setzen. Die Torte etwa 1 Stunde in der Form abkühlen lassen, dann aus der Form lösen und auf eine Tortenplatte setzen. Die Torte erkalten lassen.

KÄSE-GRIESS-KUCHEN OHNE BODEN

Mitteldeutschland

Zubereitungszeit: 20 Minuten, ohne Abkühlzeit
Backzeit: etwa 60 Minuten

ZUTATEN FÜR 12 STÜCKE

FÜR DIE QUARKMASSE:

175 g Butter (zimmerwarm)
150 g Zucker
1 Pck. Finesse Ger. Zitronenschale
2–3 EL Zitronensaft
7 Eier (Größe M)
750 g Magerquark, 75 g Hartweizengrieß

ZUM BESTÄUBEN:

etwas Puderzucker

PRO STÜCK:

E: 13 g, F: 16 g, Kh: 20 g, kcal: 280

1. Den Backofen vorheizen.
Ober-/Unterhitze: etwa 180 °C
Heißluft: etwa 160 °C

2. Für die Quarkmasse Butter mit einem Mixer (Rührstäbe) auf höchster Stufe geschmeidig rühren. Nach und nach Zucker, Zitronenschale und -saft hinzugeben. So lange rühren, bis eine gebundene Masse entstanden ist.

3. Eier einzeln unterrühren (jedes Ei etwa ½ Minute). Quark und Grieß portionsweise auf mittlerer Stufe unterrühren.

4. Die Quarkmasse in eine Springform (Ø 26 cm, Boden gefettet) füllen und glatt streichen. Die Form auf dem Rost in den vorgeheizten Backofen schieben. Den Käsekuchen **etwa 60 Minuten backen.**

5. Den gebackenen Kuchen noch etwa 30 Minuten im ausgeschalteten Backofen bei leicht geöffneter Backofentür stehen lassen, erst dann herausnehmen und in der Form auf einem Kuchenrost erkalten lassen.

6. Den Kuchen aus der Form lösen und kurz vor dem Servieren rundherum auf der Kuchenoberfläche mit Puderzucker bestäuben.

TIPPS:

Bereiten Sie den Kuchen maximal einen Tag vor dem Verzehr zu. Eine Tortenspitze mit Muster auf die Kuchenoberfläche legen, darüber Puderzucker sieben. Die Tortenspitze vorsichtig abheben. Der Kuchen ist gefriergeeignet. Damit sich der Kuchen leichter aus der Form lösen lässt, die gefettete Form zusätzlich mit Grieß oder Kokosraspeln ausstreuen. Köstlich dazu schmeckt leicht mit Zimt, Mandellikör oder einem Aromasirup (z. B. Kokos) aromatisierte Schlagsahne.

ABWANDLUNG:

Statt Weizengrieß können Sie auch 2 Päckchen Pudding-Pulver Vanille-Geschmack und zusätzlich 50 g Korinthen unter die Masse heben. Erfrischend schmeckt der Kuchen, wenn 390 g sehr gut abgetropfte Stachelbeeren (aus dem Glas) unter die Masse gehoben werden.

KÄSEKUCHEN, GANZ FEIN

Westfalen

Zubereitungszeit: 45 Minuten, ohne Kühlzeit
Backzeit: 80–90 Minuten

ZUTATEN FÜR 16 STÜCKE

FÜR DEN KNETTEIG:

150 g Weizenmehl
½ gestr. TL Backpulver
40 g Zucker
1 Pck. Vanillin-Zucker
1 Eigelb (Größe M)
75 g Butter (zimmerwarm)

FÜR DIE KÄSEMASSE:

200 g Butter (zimmerwarm)
150 g Zucker
6 Eigelb (Größe M)
abger. Schale von 1 Bio-Zitrone (unbehandelt, ungewachst)
750 g Speisequark
200 g Schlagsahne
1 Pck. Pudding-Pulver Sahne-Geschmack
6 Eiweiß (Größe M)

PRO STÜCK:

E: 10 g, F: 23 g, Kh: 24 g, kcal: 342

1. Für den Teig Mehl in eine Rührschüssel sieben. Restliche Zutaten hinzugeben und mit einem Mixer (Knethaken) zunächst auf niedrigster, dann auf höchster Stufe gut durcharbeiten.

2. Anschließend auf einer bemehlten Arbeitsfläche zu einem glatten Teig verkneten. Sollte der Teig kleben, ihn in Folie gewickelt 20–30 Minuten kühl stellen.

3. Den Backofen vorheizen.
Ober-/Unterhitze: etwa 180 °C
Heißluft: etwa 160 °C

4. Den Teig auf dem Boden einer Springform (Ø 28 cm, gefettet) ausrollen und mehrmals mit einer Gabel einstechen.

5. Den Springformrand darumlegen und die Form auf dem Rost in den vorgeheizten Backofen schieben. Den Boden **15-20 Minuten vorbacken.**

6. Den Boden auf einem Kuchenrost abkühlen lassen. Den Backofen herunterschalten.
Ober-/Unterhitze: etwa 160 °C
Heißluft: etwa 140 °C

7. Für die Käsemasse Butter mit dem Mixer (Rührstäbe) geschmeidig rühren. Nach und nach Zucker, Eigelb und Zitronenschale unterrühren.

8. Zunächst Speisequark und Sahne, dann das Pudding-Pulver unterrühren.

9. Eiweiß steif schlagen und unterziehen. Die Masse in die Form füllen, glatt streichen und die Form auf dem Rost wieder in den heißen Backofen schieben. Den Kuchen **in 65–70 Minuten fertig backen.**

10. Den Kuchen zunächst 10 Minuten im ausgeschalteten Backofen stehen lassen, dann noch etwa 20 Minuten im leicht geöffneten Backofen stehen lassen.

11. Das Gebäck in der Form erkalten lassen, dann den Springformrand lösen und entfernen.

KÄSEKUCHEN OHNE BODEN

Westfalen
Zubereitungszeit: 15 Minuten, ohne Kühlzeit
Backzeit: 55–60 Minuten

ZUTATEN FÜR 16 STÜCKE

4 Eier (Größe M)
130 g Zucker
2 Pck. Pudding-Pulver Vanille-Geschmack
400 ml Milch (3,5 % Fett)
Saft und Schale von ½ Bio-Zitrone (unbehandelt, ungewachst)
500 g Magerquark
250 g Speisequark (40 % Fett)
1 Espressotasse (60 ml) Sonnenblumenöl

evtl. 1–2 TL Puderzucker

PRO STÜCK:

E: 8 g, F: 8 g, Kh: 15 g, kcal: 169

1. Eine gut schließende Springform (Ø 26 cm, mit Backpapier belegen und von außen mit zwei Lagen Alufolie umwickeln, da die Creme sehr flüssig ist.

2. Den Backofen vorheizen.
Ober-/Unterhitze: etwa 180 °C
Heißluft: etwa 160 °C

3. Eier und Zucker mit einem Mixer (Rührstäbe) auf höchster Stufe schaumig schlagen. Pudding-Pulver mit Milch glatt verrühren, mit Zitronensaft und -schale unter den Eierschaum rühren.

4. Mager- und Sahnequark mit dem Sonnenblumenöl glatt verschlagen. Die Quarkmasse zur Eier-Pudding-Masse geben und alles zu einer glatten, gleichmäßigen Creme verrühren. Die Creme in die vorbereitete Form füllen.

5. Die Form auf dem Rost in den vorgeheizten Backofen (unterste Schiene) schieben. Den Käsekuchen **in 55–60 Minuten zartbraun backen.**

6. Die Form vorsichtig aus dem Backofen nehmen und auf einen Kuchenrost stellen. Den Kuchen in der Form vollständig erkalten lassen.

7. Den Käsekuchen aus der Form lösen und mithilfe einer großen Kuchenpalette auf eine Tortenplatte setzen.

8. Den Kuchen vor dem Servieren mindestens 1 Stunde in den Kühlschrank stellen. Nach Belieben mit Puderzucker bestäubt anrichten.

TIPPS:

Lust auf Abwechslung? Dann etwa die Hälfte der fertigen Quarkmasse abnehmen. 2 Teelöffel Instant-Kaffeepulver mit wenig heißem Wasser und 1 Esslöffel Puderzucker glatt rühren und unter die abgenommene Quarkmasse rühren. Helle und Kaffee-Quarkmasse in die Form schichten und wie beschrieben backen.
Servieren Sie als Knusperspaß dazu feine Mandel-Butter-Streusel. Dafür 50 g fein gehackte Mandeln, 200 g Weizenmehl, 1 Prise Salz, ½ Teelöffel Backpulver und 80 g Zucker in einer Rührschüssel mischen. 150 g kalte Butter in feinen Stückchen zugeben und alles zu Streuseln verkneten, etwa 30 Minuten kühl stellen. Die Streusel auf einem Backblech (mit Backpapier belegt) verteilen. Im heißen Backofen bei Ober- und Unterhitze: etwa 180 °C 20–25 Minuten knusprig backen. Anschließend die Streusel auskühlen lassen.

KIELER SCHNITTEN

Norddeutschland
- Zubereitungszeit: 35 Minuten, ohne Abkühlzeit
  Backzeit: 12–15 Minuten
- ▲ Mit Alkohol

ZUTATEN FÜR 20 STÜCKE

FÜR DEN KNETTEIG:

300 g Weizenmehl
1 gestr. TL Backpulver
75 g Puderzucker
1 Pck. Vanillin-Zucker
1 gestr. TL gem. Zimt
1 Ei (Größe M)
200 g Butter (zimmerwarm)
100 g abgezogene, geröstete gem. Mandeln

etwa 100 g Himbeerkonfitüre

FÜR DEN GUSS:

2 EL Himbeerkonfitüre
100 g Puderzucker
2–3 EL Rum

ZUM BESPRENKELN:

2 EL aufgelöste Speisefettglasur

PRO STÜCK:

E: 3 g, F: 12 g, Kh: 23 g, kcal: 220

1. Den Backofen vorheizen.
Ober-/Unterhitze: etwa 180 °C
Heißluft: etwa 160 °C

2. Für den Teig Mehl mit Backpulver mischen und in eine Rührschüssel geben. Puderzucker, Vanillin-Zucker, Zimt, Ei, 1 Prise Salz, Butter und Mandeln hinzufügen. Die Zutaten mit einem Mixer (Knethaken) zunächst kurz auf niedrigster, dann auf höchster Stufe gut durcharbeiten, anschließend auf der leicht bemehlten Arbeitsfläche kurz zu einem Teig verkneten.

3. Den Teig etwa 3 mm dick ausrollen, in 6 Streifen von etwa 12 x 28 cm schneiden. Die Teigstreifen auf 2 Backblechen (30 x 40 cm, gefettet, mit Backpapier belegt) verteilen. Die Backbleche nacheinander (bei Heißluft zusammen) in den vorgeheizten Backofen schieben. Das Gebäck **12–15 Minuten backen.**

4. Die Backbleche auf Kuchenroste stellen und die Gebäckstreifen erkalten lassen. 4 Gebäckstreifen mit Himbeerkonfitüre bestreichen, jeweils 2 aufeinandersetzen, mit den 2 unbestrichenen Gebäckstreifen belegen und etwas andrücken.

5. Für den Guss Himbeerkonfitüre durch ein Sieb streichen und jeweils den oberen Gebäckstreifen damit bestreichen.

6. Puderzucker mit Rum verrühren, auf den mit Himbeerkonfitüre bestrichenen Gebäckstreifen verteilen und glatt streichen. Dabei soll sich die Konfitüre leicht mit dem Zuckerguss vermischen.

7. Die Gebäckstreifen mit Speisefettglasur besprenkeln und nach dem Erkalten in etwa 2 cm breite Schnitten schneiden.

TIPPS:

Den Teig auf Backpapier ausrollen, in Streifen schneiden, etwas auseinanderziehen, damit sie beim Backen nicht zusammenbacken, dann auf ein Backblech legen. (Teig ist sehr zart!) Die Schnitten halten sich gut verpackt mehrere Tage frisch.

KLECKSEL-QUARK-KUCHEN

Sachsen

Zubereitungszeit: 50 Minuten
Teiggeh-/Ruhezeit: etwa 55 Minuten
Backzeit: etwa 45 Minuten

ZUTATEN FÜR 20 STÜCKE

FÜR DEN HEFETEIG:

200 ml Milch (3,5 % Fett)
50 g Butter oder Margarine
375 g Weizenmehl
1 Pck. Trockenbackhefe
50 g Zucker, 1 Pck. Vanillin-Zucker
1 Ei (Größe M)

FÜR DIE QUARKMASSE:

80 g Butter oder Margarine (zimmerwarm)
150 g Zucker
3 Eier (Größe M)
1 kg Magerquark
1 Pck. Pudding-Pulver Vanille-Geschmack
2 EL Milch
1 Pck. Finesse Ger. Zitronenschale

FÜR DEN BELAG:

500 g Mohnback (backfertige Mohnfüllung)
350 g Konfitüre, z. B. Sauerkirschkonfitüre

FÜR DIE STREUSEL:

200 g Weizenmehl
100 g Zucker
1 Pck. Vanillin-Zucker
125 g Butter (zimmerwarm)

PRO STÜCK:

E: 13 g, F: 16 g, Kh: 61 g, kcal: 448

1. Für den Teig Milch in einem Topf erwärmen und Butter oder Margarine darin zerlassen.

2. Mehl in eine Rührschüssel geben und mit Trockenbackhefe sorgfältig vermischen. Zucker, Vanillin-Zucker, Ei und die warme Milch-Fett-Mischung hinzufügen. Die Zutaten mit dem Mixer (Knethaken) zunächst kurz auf niedrigster, dann auf höchster Stufe in etwa 5 Minuten zu einem glatten Teig verarbeiten.

3. Den Teig zugedeckt so lange an einem warmen Ort gehen lassen, bis er sich sichtbar vergrößert hat, etwa 30 Minuten.

4. Den Teig leicht mit Mehl bestäuben und auf einer leicht bemehlten Arbeitsfläche nochmals kurz durchkneten. Dann den Teig auf einem Backblech (30 x 40 cm, gefettet) ausrollen. Einen Backrahmen darumstellen. Den Teig zugedeckt nochmals so lange an einem warmen Ort gehen lassen, bis er sich sichtbar vergrößert hat, etwa 25 Minuten.

5. In der Zwischenzeit den Backofen vorheizen.
Ober-/Unterhitze: etwa 180 °C
Heißluft: etwa 160 °C

6. Für die Quarkmasse Butter oder Margarine mit dem Mixer (Rührstäbe) auf höchster Stufe schaumig rühren. Nach und nach Zucker, Eier, Quark, Pudding-Pulver, Milch, Zitronenschale und 1 Prise Salz unterrühren. So lange rühren, bis eine cremige Masse entstanden ist.

7. Die Quarkmasse auf den Teigboden geben und glatt streichen.

8. Für den Belag die Mohnfüllung und die Konfitüre abwechselnd in Häufchen auf die Quarkmasse setzen.

9. Für die Streusel Mehl in eine Rührschüssel geben. Zucker, Vanillin-Zucker und Butter hinzufügen. Die Zutaten mit dem Mixer (Rührstäbe) zunächst kurz auf niedrigster, dann auf höchster Stufe zu Streuseln von gewünschter Größe verarbeiten. Die Streusel anschließend auf dem Mohn-Konfitüre-Belag verteilen.

10. Das Backblech in den vorgeheizten Backofen (unteres Drittel) schieben. Den Kuchen **etwa 45 Minuten backen.**

11. Das Backblech auf einen Kuchenrost stellen und den Kuchen darauf erkalten lassen. Den Backrahmen entfernen.

KORNKNACKER

Westfalen

Zubereitungszeit: 45 Minuten, ohne Abkühlzeit
Teiggeh-/Ruhezeit: 2 Stunden und 10 Minuten
Backzeit: 25–30 Minuten

ZUTATEN FÜR 12 STÜCK

ZUM VORBEREITEN:

400 ml Wasser
100 g Weizenkörner

FÜR DEN HEFETEIG:

250 g Roggenmehl (Type 1150)
125 g Roggen-Vollkornschrot
75 g Weizenmehl (Type 550)
21 g frische Hefe
350 ml lauwarmes Wasser
1 geh. EL Zuckerrübensirup (Rübenkraut)
2–3 gestr. TL Salz
2 EL dunkler Balsamico-Essig
100 g Sonnenblumenkerne

ZUM WÄLZEN:

250 g Sonnenblumenkerne

PRO STÜCK:

E: 12 g, F: 15 g, Kh: 36 g, kcal: 330

1. Zum Vorbereiten Wasser und Weizenkörner in einen Topf geben, zum Kochen bringen und zugedeckt bei schwacher Hitze etwa 12 Minuten kochen lassen. Den Topf von der Kochstelle nehmen, Weizenkörner in dem Wasser erkalten lassen.

2. Für den Teig Roggenmehl, Roggen-Vollkornschrot und Weizenmehl in die Rührschüssel einer Küchenmaschine geben und sorgfältig vermischen. In die Mitte eine Vertiefung eindrücken.

3. Hefe hineinbröckeln, mit 100 ml von dem Wasser verrühren. Vorteig mit Mehl bedecken und gehen lassen, etwa 30 Minuten.

4. Das restliche Wasser, Zuckerrübensirup, Salz und Essig hinzufügen. Die Zutaten mit der Küchenmaschine (Knethaken) zunächst kurz auf niedrigster, dann auf mittlerer Stufe in etwa 5 Minuten zu einem glatten Teig verarbeiten.

5. Weizenkörner in einem Sieb abtropfen lassen. Die Weizenkörner und Sonnenblumenkerne unter den Teig kneten.

6. Den Teig zugedeckt so lange an einem warmen Ort gehen lassen, bis er sich sichtbar vergrößert hat, etwa 1 Stunde.

7. Den Teig mit etwas Mehl bestäuben und auf eine leicht bemehlte Arbeitsfläche geben. Teig flach drücken (nicht kneten) und in 12 gleich große Portionen teilen.

8. Zum Wälzen die Sonnenblumenkerne in eine kleine Schüssel geben. Mit nassen Händen (der Teig klebt sonst sehr an den Händen) aus jedem Teigstück ein ovales Teigbrötchen formen.

9. Die Teigbrötchen rundherum in den Sonnenblumenkernen wälzen und mit etwas Abstand auf ein Backblech (mit Backpapier belegt) legen.

10. Die Teiglinge zugedeckt nochmals so lange an einem warmen Ort gehen lassen, bis sie sich sichtbar vergrößert haben, etwa 40 Minuten.

11. Den Backofen vorheizen.
Ober-/Unterhitze: etwa 200 °C
Heißluft: etwa 180 °C

12. Das Backblech in den vorgeheizten Backofen schieben. Die Kornknacker **25–30 Minuten backen.**

13. Das Backblech auf einen Kuchenrost stellen. Die Kornknacker erkalten lassen.

LAUGENBREZELN

Süddeutschland

Zubereitungszeit: 50 Minuten, ohne Abkühlzeit
Teiggeh-/Ruhezeit: etwa 40 Minuten
Backzeit: 15–20 Minuten je Backblech

ZUTATEN FÜR 10 STÜCK

FÜR DEN HEFETEIG:

400 g Weizenmehl
42 g frische Hefe
1 TL Zucker
250 ml lauwarmes Wasser
1 gestr. TL Salz

FÜR DIE LAUGE:

1 l Wasser
30 g Natron

ZUM BESTREUEN:

evtl. Hagelsalz
evtl. Kümmelsamen
evtl. ger. Gouda

PRO STÜCK:

E: 5 g, F: 0 g, Kh: 32 g, kcal: 156

1. Für den Teig Mehl in eine Rührschüssel geben. In die Mitte eine Vertiefung eindrücken. Hefe hineinbröckeln, mit Zucker und etwas Wasser verrühren und etwa 10 Minuten gehen lassen.

2. Restliches Wasser und Salz hinzugeben. Die Zutaten mit einem Mixer (Knethaken) zunächst kurz auf niedrigster, dann auf höchster Stufe in etwa 5 Minuten zu einem glatten Teig verarbeiten. Den Teig leicht mit Mehl bestäuben und zugedeckt so lange an einem warmen Ort gehen lassen, bis er sich sichtbar vergrößert hat, etwa 30 Minuten.

3. Den gegangenen Teig leicht mit Mehl bestäuben und auf der leicht bemehlten Arbeitsfläche nochmals kurz verkneten. Den Teig in 10 gleich große Portionen teilen.

4. Den Backofen vorheizen.
Ober-/Unterhitze: etwa 200 °C
Heißluft: etwa 180 °C

5. Die Teigportionen jeweils zu etwa 60 cm langen Rollen formen, dann zu Brezeln schlingen.

6. Für die Lauge das Wasser in einem hohen Topf zum Kochen bringen. Den Topf von der Kochstelle nehmen und das Natron nach und nach vorsichtig einrühren (die Lauge sprudelt stark).

7. Die Teigbrezeln jeweils mithilfe einer Teigkarte auf eine Schaumkelle legen und etwa 10 Sekunden in die Lauge tauchen. Die Schaumkelle dabei schwenken, damit das Teigstück schwimmt.

8. Die Teigbrezeln mit der Schaumkelle herausnehmen und darauf abtropfen lassen.

9. Die Teigbrezeln auf 2 Backbleche (mit Backpapier belegt) legen. Nach Belieben mit Salz, Kümmel oder Käse bestreuen.

10. Die Backbleche nacheinander (bei Heißluft zusammen) in den vorgeheizten Backofen schieben. Die Brezeln **15–20 Minuten je Backblech backen.**

11. Brezeln mit dem Backpapier von den Backblechen auf Kuchenroste ziehen. Brezeln erkalten lassen.

TIPPS:

Der Teig kann auch zu Stangen (Teigstücke dann zu 12–15 cm langen Rollen formen), Ringen (wie Stangen, dann an den Enden zusammendrücken) oder Brötchen (Teigstücke zu Bällchen formen) weiterverarbeitet werden. Laugenbrötchen vor dem Backen mit einem scharfen Messer etwa 1 cm tief einschneiden.

LEIPZIGER LERCHEN

Leipzig, Sachsen

- Zubereitungszeit: 30 Minuten, ohne Abkühlzeit
  Backzeit: etwa 25 Minuten
- ▲ Mit Alkohol

ZUTATEN FÜR 12 STÜCK

FÜR DEN KNETTEIG:

200 g Weizenmehl
½ gestr. TL Backpulver
75 g Zucker
1 Pck. Vanillin-Zucker
½ gestr. TL gem. Zimt
2 EL Wasser
100 g Butter oder Margarine

100 g Aprikosenkonfitüre

FÜR DIE FÜLLUNG:

80 g Butter (zimmerwarm)
125 g Zucker
1 Ei (Größe M)
1 Eiweiß (Größe M)
100 g Weizenmehl
125 g abgezogene, gem. Mandeln
2 Tropfen Bittermandel-Aroma (aus dem Röhrchen)
5 EL Milch
2 EL Rum

ZUM BESTREICHEN:

1 Eigelb
1 TL Milch

ZUSÄTZLICH:

12 Förmchen (Ø unten etwa 4 cm, oben etwa 8 cm, Höhe 3–4 cm)

PRO STÜCK:

E: 6 g, F: 20 g, Kh: 41 g, kcal: 370

1. Den Backofen vorheizen.
Ober-/Unterhitze: etwa 180 °C
Heißluft: etwa 160 °C

2. Für den Teig Mehl mit Backpulver mischen und in eine Rührschüssel geben. Zucker, Vanillin-Zucker, Zimt, Wasser und Butter oder Margarine hinzufügen.

3. Die Zutaten mit einem Mixer (Knethaken) zunächst kurz auf niedrigster, dann auf höchster Stufe zu einem Teig verarbeiten.

4. Anschließend auf einer bemehlten Arbeitsfläche zu einem glatten Teig verkneten. Den Teig dünn ausrollen.

5. Aus der Teigplatte 12 Kreise (Ø etwa 10 cm) ausstechen und die Förmchen (gefettet) damit auslegen.

6. Den restlichen Teig zusammenkneten, erneut ausrollen 24 Streifen ausradeln und kühl stellen. Je 1 Teelöffel der Konfitüre auf den Teig in die Förmchen geben.

7. Für die Füllung Butter in einer Rührschüssel mit dem Mixer (Rührstäbe) geschmeidig rühren. Zucker, 1 Prise Salz, Ei und Eiweiß unterrühren. Mehl mit Mandeln mischen, mit Bittermandel-Aroma, Milch und Rum auf mittlerer Stufe unterrühren. Die Masse in die Förmchen füllen und mit den beiseitegelegten Teigstreifen belegen.

8. Zum Bestreichen Eigelb mit Milch verschlagen. Die Teigstreifen damit bestreichen.

9. Die Förmchen auf dem Rost in den vorgeheizten Backofen schieben. Das Gebäck **etwa 25 Minuten backen.**

10. Die Förmchen auf einen Kuchenrost stellen. Das Gebäck etwa 10 Minuten in den Förmchen stehen lassen, dann aus den Förmchen lösen und auf einem Kuchenrost erkalten lassen.

LÜBECKER MARZIPANTORTE

Lübeck

Zubereitungszeit: 45 Minuten, ohne Abkühlzeit
Backzeit: 65–70 Minuten
▲ Mit Alkohol

ZUTATEN FÜR 16 STÜCKE

FÜR DEN RÜHRTEIG:

200 g Zartbitter-Schokolade (etwa 50 % Kakaoanteil)
150 g Marzipan-Rohmasse
7 Eigelb (Größe M)
120 g Zucker
1 Pck. Bourbon-Vanille-Zucker
1 Röhrchen Rum-Aroma
2 TL Instant-Kaffeepulver
50 g gehackte Mandeln
150 g Weizenmehl
1 gestr. TL Backpulver
7 Eiweiß (Größe M)

ZUM APRIKOTIEREN:

3 EL Aprikosenkonfitüre

FÜR DEN GUSS:

100 g Zartbitter-Kuvertüre (etwa 50 % Kakaoanteil)
1 TL Instant-Kaffeepulver

ZUM GARNIEREN:

100 g Zartbitter-Kuvertüre (etwa 50 % Kakaoanteil)
50 g Marzipan-Rohmasse
25 g Puderzucker

ZUM BESTÄUBEN:

evtl. Puderzucker

PRO STÜCK:

E: 8 g, F: 18 g, Kh: 35 g, kcal: 337

1. Für den Teig Schokolade in Stücke brechen, in einem kleinen Topf im Wasserbad bei schwacher Hitze unter Rühren schmelzen. Etwas abkühlen lassen.

2. Den Backofen vorheizen.
Ober-/Unterhitze: etwa 180 °C
Heißluft: etwa 160 °C

3. Für den Teig Marzipan auf einer stabilen Küchenreibe grob raspeln, in eine Rührschüssel geben und mit einem Mixer (Rührstäbe) auf höchster Stufe geschmeidig rühren. Eigelb, Zucker, Vanille-Zucker und 1 Prise Salz hinzufügen. So lange rühren, bis eine gebundene Masse entstanden ist.

4. Schokolade zu der Marzipan-Eigelb-Masse geben und unterrühren. Rum-Aroma und Instant-Kaffeepulver sehr gut verrühren und mit den Mandeln unter den Teig rühren.

5. Mehl mit Backpulver mischen und kurz auf mittlerer Stufe unterrühren. Eiweiß steif schlagen und in 2–3 Portionen vorsichtig unter den Teig heben. Den Teig in eine Spring- oder Rosettenform (Ø 26 cm, gefettet und fein mit Mehl ausgestäubt) geben und glatt streichen. Die Form auf dem Rost in den vorgeheizten Backofen schieben. Tortenboden **65–70 Minuten backen.**

6. Die Form aus dem Backofen nehmen, auf einen Kuchenrost setzen und etwa 15 Minuten abkühlen lassen. Den Tortenboden dann aus der Form auf einen mit Backpapier belegten Kuchenrost stürzen bzw. setzen.

7. Zum Aprikotieren Konfitüre durch ein Sieb streichen, nach Belieben leicht erhitzen und den noch warmen Tortenboden damit vorsichtig gleichmäßig bestreichen. Tortenboden vollständig erkalten lassen.

8. Für den Guss Kuvertüre in Stücke hacken, in einem kleinen Topf im Wasserbad bei schwacher Hitze unter Rühren schmelzen. Kuvertüre etwas abkühlen lassen, bis die Masse dickflüssig wird. Inzwischen das Instant-Kaffeepulver fein zerdrücken. Kuvertüre nochmals erwärmen, das Instant-Kaffeepulver gründlich unterrühren. Den Kuchen mit dem Guss überziehen, trocknen lassen.

9. Zum Garnieren Kuvertüre in Stücke hacken und wie zuvor beschrieben schmelzen. Die Kuvertüre mit einem Spachtel gleichmäßig dünn auf eine Marmor- oder Porzellanplatte auftragen und in den Kühlschrank stellen, bis sie fast fest geworden ist.

10. Mit dem Spachtel so über die Kuvertüre schaben, dass Röllchen entstehen. Die Tortenoberfläche mit den Röllchen garnieren.

11. Marzipan und Puderzucker verkneten, mit dem Daumen kleine Blätter drücken, mit einem Messerrücken Blattrippen markieren oder mithilfe einer Silikon-Prägematte aus dem Marzipan Blätter ausrollen. Die Marzipanblätter dekorativ auf den Schokoladenröllchen verteilen. Nach Belieben mit Puderzucker fein bestäuben und servieren.

L

LÜBECKER ZWETSCHGENKUCHEN

Lübeck, Schleswig-Holstein
Zubereitungszeit: 40 Minuten, ohne Abkühlzeit
Teiggeh-/Ruhezeit: etwa 60 Minuten
Backzeit: etwa 35 Minuten

ZUTATEN FÜR 20 STÜCKE

FÜR DEN HEFETEIG:

375 g Weizenmehl
1 Pck. Trockenbackhefe
200 ml lauwarme Milch (3,5 % Fett)
1 Ei (Größe M)
50 g Zucker
1 Pck. Finesse Ger. Zitronenschale
50 g zerlassene, abgekühlte Butter oder Margarine
etwas Weizenmehl

FÜR DIE FÜLLUNG:

100 g Löffelbiskuits
4 Eiweiß (Größe M)
150 g Marzipan-Rohmasse
4 Eigelb (Größe M)
75 g Zucker
1 Pck. Vanillin-Zucker
3 Tropfen Bittermandel-Aroma (aus dem Röhrchen)
200 g abgezogene, gem. Mandeln

FÜR DEN BELAG:

1,2–1,5 kg Zwetschgen

PRO STÜCK:

E: 8 g, F: 13 g, Kh: 35 g, kcal: 298

1. Für den Teig Mehl in eine Rührschüssel geben und mit Trockenbackhefe sorgfältig vermischen. Milch, Ei, Zucker, Zitronenschale, 1 Prise Salz und Butter oder Margarine hinzufügen. Die Zutaten mit einem Mixer (Knethaken) zunächst kurz auf niedrigster, dann auf höchster Stufe in etwa 5 Minuten zu einem glatten Teig verarbeiten. Den Teig zugedeckt so lange an einem warmen Ort gehen lassen, bis er sich sichtbar vergrößert hat, etwa 30 Minuten.

2. Den gegangenen Teig leicht mit Mehl bestäuben, aus der Schüssel nehmen, auf der leicht bemehlten Arbeitsfläche nochmals kurz durchkneten und auf einem Backblech (30 x 40 cm, gefettet) ausrollen.

3. Für die Füllung Löffelbiskuits in einen Gefrierbeutel geben, Beutel fest verschließen. Löffelbiskuits mit einer Teigrolle zerbröseln. Eiweiß mit 1 Prise Salz steif schlagen. Marzipan in kleine Stücke schneiden, mit Eigelb in einer Rührschüssel mit einem Mixer (Rührstäbe) zu einer einheitlichen Masse verrühren. Zucker, Vanillin-Zucker und Aroma nach und nach auf mittlerer Stufe unterrühren. Eischnee, Mandeln und Biskuitbrösel vorsichtig unterheben.

4. Die Marzipan-Mandel-Masse auf den Teig geben und glatt streichen.

5. Für den Belag Zwetschgen abspülen, gut abtrocknen, halbieren, entsteinen, vierteln und die Spitzen jeweils etwa ½ cm tief einschneiden. Die Zwetschgenviertel dachziegelartig auf die Marzipan-Mandel-Masse legen.

6. Den Teig nochmals zugedeckt so lange an einem warmen Ort gehen lassen, bis er sich sichtbar vergrößert hat, etwa 30 Minuten.

7. Den Backofen vorheizen.
Ober-/Unterhitze: etwa 200 °C
Heißluft: etwa 180 °C

8. Das Backblech in den vorgeheizten Backofen schieben. Den Zwetschgenkuchen **etwa 35 Minuten backen.**

9. Das Backblech auf einen Kuchenrost stellen. Den Kuchen darauf erkalten lassen.

LÜNEBURGER BUCHWEIZENTORTE

Niedersachsen
◔ Zubereitungszeit: 60 Minuten, ohne Abkühl-, Quell- und Kühlzeit
Backzeit: etwa 30 Minuten

ZUTATEN FÜR 12 STÜCKE

FÜR DEN BISKUITTEIG:

5 Eier (Größe M), 2 EL heißes Wasser
150 g Zucker, 1 Pck. Bourbon-Vanille-Zucker
3 Tropfen Bittermandel-Aroma (aus dem Röhrchen)
150 g Buchweizenmehl
1 gestr. TL Backpulver
100 g gem. Haselnusskerne

FÜR DIE FÜLLUNG:

1 Pck. gem., weiße Gelatine
3 EL kaltes Wasser
600 g Schlagsahne (mind. 30 % Fett)
2 Pck. Vanillin-Zucker
790 g Wild-Preiselbeeren (aus Gläsern)

ZUM BESTREUEN:

gem. Pistazienkerne

PRO STÜCK:

E: 7 g, F: 23 g, Kh: 32 g, kcal: 363

1. Den Backofen vorheizen.
Ober-/Unterhitze: etwa 180 °C
Heißluft: etwa 160 °C

2. Für den Teig Eier mit heißem Wasser in einer Rührschüssel mit einem Mixer (Rührstäbe) auf höchster Stufe in 1 Minute schaumig schlagen. Zucker mit Vanille-Zucker mischen, in 1 Minute unter Rühren einstreuen und die Masse etwa 2 Minuten weiterschlagen. Aroma unterrühren.

3. Buchweizenmehl mit Backpulver mischen und kurz auf niedrigster Stufe unterrühren. Haselnusskerne auf die gleiche Weise kurz unterarbeiten.

4. Den Teig in eine Springform (Ø 26 cm, Boden gefettet, mit Backpapier belegt) geben, verstreichen und die Form auf dem Rost in den vorgeheizten Backofen schieben. Den Boden **etwa 30 Minuten backen.**

5. Den Biskuitboden aus der Form lösen, auf einen mit Backpapier belegten Kuchenrost stürzen und darauf erkalten lassen.

6. Anschließend Backpapier abziehen und den Boden zweimal waagerecht durchschneiden. Den unteren Boden auf eine Tortenplatte legen.

7. Für die Füllung inzwischen Gelatine mit Wasser in einem kleinen Topf anrühren, etwa 10 Minuten zum Quellen stehen lassen und anschließend unter Rühren erwärmen, bis sie gelöst ist. Schlagsahne mit Vanillin-Zucker fast steif schlagen, die warme Gelatinelösung unter Schlagen hinzufügen und die Sahne vollkommen steif schlagen.

8. Den unteren Boden mit knapp zwei Drittel der Wild-Preiselbeeren bestreichen, dabei etwa 1 cm am Rand frei lassen. Etwa 3 Esslöffel der Sahne darauf verstreichen und den mittleren Boden darauflegen. Den Boden ebenso mit knapp einem Drittel der Wild-Preiselbeeren und 3 Esslöffeln Sahne bestreichen und mit dem oberen Boden bedecken.

9. Rand und Oberfläche der Torte mit Sahne bestreichen und den Tortenrand mithilfe eines Tortengarnierkammes verzieren. Die übrige Sahne in einen Spritzbeutel mit kleiner Sterntülle füllen, die Tortenoberfläche damit verzieren und bis zum Servieren kalt stellen.

10. Kurz vor dem Servieren die Torte mit den restlichen Wild-Preiselbeeren und mit Pistazienkernen garnieren.

MARMORKUCHEN

Zubereitungszeit: 30 Minuten, ohne Abkühlzeit
Backzeit: etwa 55 Minuten

ZUTATEN FÜR 20 STÜCKE

FÜR DEN RÜHRTEIG:

225 g Butter oder Margarine (zimmerwarm)
150 g Zucker
1 Pck. Vanillin-Zucker
4 Eier (Größe M)
275 g Weizenmehl
3 gestr. TL Backpulver
etwa 2 EL Milch

ZUSÄTZLICH:

15 g gesiebtes Kakaopulver
15 g Zucker
etwa 2 EL Milch

ZUM BESTÄUBEN:

etwas Puderzucker

PRO STÜCK:

E: 3 g, F: 11 g, Kh: 20 g, kcal: 190

1. Den Backofen vorheizen.
Ober-/Unterhitze: etwa 180 °C
Heißluft: etwa 160 °C

2. Für den Teig Butter oder Margarine mit einem Mixer (Rührstäbe) auf höchster Stufe geschmeidig rühren. Nach und nach Zucker, Vanillin-Zucker und 1 Prise Salz unterrühren. So lange rühren, bis eine gebundene Masse entstanden ist. Eier einzeln unterrühren (jedes Ei etwa ½ Minute).

3. Mehl mit Backpulver mischen und abwechselnd mit der Milch in 2 Portionen kurz auf mittlerer Stufe unterrühren.

4. Zwei Drittel des Teiges in eine Gugelhupfform (Ø 22 cm, gefettet) füllen. Kakao mit Zucker und Milch unter den restlichen Teig rühren.

5. Den dunklen Teig auf dem hellen Teig verteilen und eine Gabel spiralförmig leicht durch die Teigschichten ziehen, sodass ein Marmormuster entsteht.

6. Die Form auf dem Rost in den vorgeheizten Backofen (unteres Drittel) schieben. Den Kuchen **etwa 55 Minuten backen.**

7. Die Form auf einen Kuchenrost stellen. Den Kuchen etwa 10 Minuten in der Form stehen lassen, dann aus der Form lösen, auf einen Kuchenrost stürzen und erkalten lassen.

8. Den Kuchen mit Puderzucker bestäuben.

TIPP:

Verfeinern Sie den Teig mit 1–2 Esslöffeln Rum.

MARZIPAN-ROSENKUCHEN

Süddeutschland

Zubereitungszeit: 60 Minuten, ohne Abkühlzeit
Backzeit: etwa 40 Minuten

ZUTATEN FÜR 12 STÜCKE

FÜR DEN QUARK-ÖL-TEIG:

400 g Weizenmehl
1 Pck. Backpulver
200 g Magerquark
6 EL Milch
125 ml Speiseöl
1 Ei (Größe M)
75 g Zucker
1 Pck. Vanillin-Zucker

FÜR DIE FÜLLUNG:

200 g Marzipan-Rohmasse
50 g Butter (zimmerwarm)
5 EL Aprikosenkonfitüre
2 EL Zitronensaft
100 g abgezogene, gem. Mandeln

FÜR DEN GUSS:

1 geh. EL Aprikosenkonfitüre
1 TL Wasser
1–2 TL Zitronensaft

ZUM BESTREUEN:

1 EL gehobelte Mandeln

PRO STÜCK:

E: 10 g, F: 25 g, Kh: 46, kcal: 476

1. Für den Teig Mehl mit Backpulver in einer Rührschüssel mischen. Quark, Milch, Speiseöl, Ei, Zucker, Vanillin-Zucker und 1 Prise Salz hinzufügen.

2. Die Zutaten mit einem Mixer (Knethaken) zunächst kurz auf niedrigster, dann auf höchster Stufe in etwa 1 Minute zu einem Teig verarbeiten (nicht zu lange, Teig klebt sonst).

3. Anschließend auf einer bemehlten Arbeitsfläche zunächst zu einer Rolle formen und dann zu einem Rechteck (etwa 50 x 40 cm) ausrollen.

4. Den Backofen vorheizen.
Ober-/Unterhitze: etwa 180 °C
Heißluft: etwa 160 °C

5. Für die Füllung Marzipan klein schneiden, mit der Butter in einer Rührschüssel mit dem Mixer (Rührstäbe) gut verrühren und auf die Teigplatte streichen.

6. Konfitüre mit Zitronensaft und Mandeln verrühren und auf die Marzipanmasse streichen. Die Teigplatte von der längeren Seite aus aufrollen und in 15 gut 3 cm dicke Scheiben schneiden.

7. Die Teigscheiben mit der Schnittfläche nach oben in eine Springform (Ø 26 cm, gefettet) setzen. Dazu zuerst die Teigscheiben an den Rand und dann in die Mitte setzen.

8. Die Form auf dem Rost in den vorgeheizten Backofen schieben. Den Rosenkuchen **etwa 40 Minuten backen.**

9. Die Form auf einen Kuchenrost stellen.

10. Für den Guss Konfitüre durch ein Sieb streichen, in einem kleinen Topf mit Wasser aufkochen lassen, Zitronensaft unterrühren. Den heißen Kuchen sofort damit bestreichen und mit den gehobelten Mandeln bestreuen. Dann den Kuchen aus der Form lösen und auf einem Kuchenrost erkalten lassen.

MILCHRAHMSTRUDEL

Bayern

Zubereitungszeit: 40 Minuten, ohne Ruhezeit
Backzeit: etwa 45 Minuten

ZUTATEN FÜR 10 STÜCKE

FÜR DEN STRUDELTEIG:

200 g Weizenmehl
3 EL Sonnenblumenöl
100 ml lauwarmes Wasser

FÜR DIE FÜLLUNG:

100 g Butter (zimmerwarm)
100 g Puderzucker
1 Pck. Vanillin-Zucker
4 Eigelb (Größe M)
abger. Schale von 1 Bio-Zitrone (unbehandelt, ungewachst)
1 EL Zitronensaft
250 g Crème fraîche
4 Eiweiß (Größe M)
1 TL Zucker
1 ½ Brötchen (etwa 60 g)

evtl. 50 g Rosinen

FÜR DEN GUSS:

125 g Schlagsahne
125 ml Milch (3,5 % Fett)
25 g Zucker
1 Pck. Vanillin-Zucker

ZUM BESTREICHEN:

25 g zerlassene Butter

ZUSÄTZLICH:

1 große, hitzebeständige Form (etwa 25 x 35 cm)

PRO STÜCK:

E: 7 g, F: 28,5 g, Kh: 38 g, kcal: 441

1. Für den Strudelteig Mehl in eine Rührschüssel geben, 1 Prise Salz, Sonnenblumenöl und Wasser hinzufügen. Die Zutaten mit einem Mixer (Knethaken) zunächst kurz auf niedrigster, dann auf höchster Stufe gut durcharbeiten. Anschließend auf der Arbeitsfläche zu einem glatten Teig verkneten. Den Teig auf Backpapier in einen heißen, trockenen Kochtopf (vorher Wasser darin kochen) legen, mit einem Deckel verschließen und den Teig etwa 30 Minuten ruhen lassen. Den Teig halbieren und jeweils auf einem bemehlten, großen Geschirrtuch ausrollen. Ihn dann mit den Händen zu 2 Rechtecken (je etwa 35 x 40 cm) ausziehen. Die Ränder, wenn sie dicker sind, abschneiden.

2. Für die Füllung Butter mit Puderzucker und Vanillin-Zucker mit dem Mixer (Rührstäbe) schaumig rühren. Eigelb einzeln unterrühren. Zitronenschale, -saft und Crème fraîche hinzufügen und alles zu einer glatten Masse verrühren. Eiweiß mit dem Mixer (Rührstäbe) auf höchster Stufe steif schlagen, Zucker kurz unterschlagen. Der Schnee muss so fest sein, dass ein Messerschnitt sichtbar bleibt. Eischnee vorsichtig unter die Eigelbcreme heben.

3. Den Backofen vorheizen.
Ober-/Unterhitze: etwa 180 °C
Heißluft: etwa 160 °C

4. Jeweils die Hälfte der Füllung auf den Strudelplatten verteilen, glatt streichen und an den kürzeren Seiten etwa 3 cm frei lassen. Brötchen in sehr feine Würfel schneiden, jeweils die Hälfte der Würfel auf den Strudelplatten verteilen. Nach Belieben mit Rosinen bestreuen. Die frei gebliebenen Teigränder auf die Füllung schlagen. Die Strudelteige jeweils mithilfe des Geschirrtuches von der kürzeren Seite aus aufrollen.

5. Für den Guss Sahne, Milch, Zucker und Vanillin-Zucker in einem Topf zum Kochen bringen. Topf von der Kochstelle nehmen. Ein Viertel der Sahnemilch in die hitzebeständige Form (gefettet) gießen und die Strudel nebeneinander hineinlegen und mit zerlassener Butter bestreichen. Die

Form auf dem Rost in den vorgeheizten Backofen schieben. Die Strudel **etwa 45 Minuten backen.**

6. Nach etwa 20 Minuten Backzeit die Hälfte der restlichen Sahnemilch auf den Strudeln verteilen. Nach weiteren etwa 15 Minuten die restliche Sahnemilch auf die Strudel geben. Die Strudel fertig backen. Die Milchrahmstrudel in Portionsstücke schneiden.

TIPP:

Nach Belieben mit Vanillesauce oder Kompott servieren.

MOHNSTRIEZEL

Mitteldeutschland

Zubereitungszeit: 60 Minuten, ohne Abkühlzeit
Teiggeh-/Ruhezeit: etwa 55 Minuten
Backzeit: etwa 35 Minuten

ZUTATEN FÜR 15 STÜCKE

FÜR DEN HEFETEIG:

125 ml Wasser
80 g Butter oder Margarine
300 g Weizenmehl
1 Pck. Trockenbackhefe
40 g Zucker, 1 Pck. Vanillin-Zucker

FÜR DIE FÜLLUNG:

250 g Mohnback (backfertige Mohnfüllung)
1 Ei (Größe M)

FÜR DIE STREUSEL:

50 g Weizenmehl
50 g gehobelte Mandeln
50 g Zucker
50 g Butter (zimmerwarm)

ZUM APRIKOTIEREN UND FÜR DEN GUSS:

2 EL Aprikosenkonfitüre, 1 EL Wasser
50 g Puderzucker, 1–2 EL Wasser

PRO STÜCK:

E: 5 g, F: 12 g, Kh: 36 g, kcal: 273

1. Für den Teig Wasser in einem Topf erwärmen und die Butter oder Margarine darin zerlassen.

2. Mehl in einer Rührschüssel mit Trockenbackhefe sorgfältig vermischen. Zucker, Vanillin-Zucker und die warme Wasser-Fett-Mischung hinzufügen. Die Zutaten mit dem Mixer (Knethaken) zunächst kurz auf niedrigster, dann auf höchster Stufe in etwa 5 Minuten zu einem glatten Teig verarbeiten. Den Teig zugedeckt so lange an einem warmen Ort gehen lassen, bis er sich sichtbar vergrößert hat, etwa 30 Minuten.

3. Für die Füllung Mohnback mit dem Ei verrühren.

4. Den gegangenen Teig leicht mit Mehl bestäuben, aus der Schüssel nehmen, auf der leicht bemehlten Arbeitsfläche nochmals kurz durchkneten und anschließend zu einem Rechteck (etwa 30 x 20 cm) ausrollen.

5. Die Mohnfüllung darauf verstreichen, dabei an den Rändern 1 cm frei lassen. Den Teig von der längeren Seite aus locker aufrollen und mit der Naht nach oben auf ein Backblech (mit Backpapier belegt) legen.

6. Für die Streusel Mehl in eine Rührschüssel geben, mit Mandeln, Zucker und Butter mit dem Mixer (Rührstäbe) zu Streuseln von gewünschter Größe verarbeiten.

7. Striezel mit etwas Wasser bestreichen, mit den Streuseln bestreuen und die Streusel andrücken. Den Striezel zugedeckt nochmals so lange an einem warmen Ort gehen lassen, bis er sich sichtbar vergrößert hat, etwa 25 Minuten.

8. In der Zwischenzeit den Backofen vorheizen.
Ober-/Unterhitze: etwa 180 °C
Heißluft: etwa 160 °C

9. Das Backblech in den vorgeheizten Backofen (unteres Drittel) schieben. Den Striezel **etwa 35 Minuten backen.**

10. Zum Aprikotieren Konfitüre mit Wasser unter Rühren etwas einkochen lassen. Den Striezel sofort nach dem Backen damit bestreichen und auf einem Kuchenrost erkalten lassen.

11. Für den Guss Puderzucker mit Wasser zu einem dickflüssigen Guss verrühren und den Striezel damit besprenkeln. Guss trocknen lassen.

MOHNSTRUDEL

Mitteldeutschland

◔ Zubereitungszeit: 35 Minuten, ohne Ruhe- und Abkühlzeit
Backzeit: 35–40 Minuten

ZUTATEN FÜR 12 STÜCKE

FÜR DEN STRUDELTEIG:

250 g Weizenmehl
1 Prise Salz
100 ml lauwarmes Wasser
1 Ei (Größe M)
1 EL Sonnenblumenöl

FÜR DIE FÜLLUNG:

400 g gem. Mohn
400 ml kochendes Wasser
75 g Zucker
3 EL flüssiger Honig
1 Ei (Größe M)
1 Pck. Finesse Ger. Zitronenschale
100 g Rosinen
250 g geraspelte, säuerliche Äpfel

ZUSÄTZLICH:

50 g zerlassene Butter
etwas Puderzucker

PRO STÜCK:

E: 10 g, F: 20 g, Kh: 35 g, kcal: 362

1. Für den Teig Mehl in eine Rührschüssel geben. Restliche Zutaten hinzufügen und mit einem Mixer (Knethaken) zunächst kurz auf niedrigster, dann auf höchster Stufe zu einem glatten Teig verarbeiten.

2. In einem kleinen Topf Wasser kochen, das Wasser ausgießen und den Topf abtrocknen. Den Teig auf Backpapier in den heißen Topf legen. Den Topf mit dem Deckel verschließen und den Teig etwa 30 Minuten ruhen lassen.

3. Den Backofen vorheizen.
Ober-/Unterhitze: etwa 200 °C
Heißluft: etwa 180 °C

4. Für die Füllung Mohn in einer Rührschüssel mit kochendem Wasser übergießen und verrühren, bis eine geschmeidige Masse entstanden ist. Zucker, Honig, Ei, Zitronenschale und Rosinen unterrühren. Geraspelte Äpfel ebenfalls unterarbeiten.

5. Den Teig halbieren und jeweils auf einem bemehlten Geschirrtuch ausrollen, ihn dann mit den Händen zu je einem Rechteck (etwa 25 x 30 cm) ausziehen. Die Ränder, wenn sie dicker sind, abschneiden.

6. Jeweils zwei Drittel der Teigrechtecke mit der Mohnmasse bestreichen. An den kürzeren Seiten einen Rand von etwa 3 cm frei lassen. Die kürzeren Seiten auf die Füllung klappen. Die Teigrechtecke mithilfe des Tuches, mit der Füllung beginnend, von der langen Seite aus aufrollen und an den Enden gut andrücken.

7. Die Strudel nebeneinander auf ein Backblech (mit Backpapier belegt) legen und mit etwas Butter bestreichen. Das Backblech in den vorgeheizten Backofen schieben. Die Strudel **35–40 Minuten backen.** Die Strudel während des Backens mit der restlichen Butter bestreichen.

8. Die Strudel mit dem Backpapier vom Backblech auf einen Kuchenrost ziehen, erkalten lassen und mit Puderzucker bestäuben.

MÜNCHNER PRINZREGENTENTORTE

München, Bayern

Zubereitungszeit: 80 Minuten, ohne Kühlzeit
Backzeit: etwa 8 Minuten je Boden

ZUTATEN FÜR 16 STÜCKE

FÜR DEN RÜHRTEIG:

250 g Butter oder Margarine (zimmerwarm)
250 g Zucker, 1 Pck. Vanillin-Zucker
4 Eier (Größe M)
200 g Weizenmehl
50 g Speisestärke
1 gestr. TL Backpulver

FÜR DIE BUTTERCREME:

1 Pck. Pudding-Pulver Schokoladen-Geschmack
70 g Zucker
500 ml Milch (3,5 % Fett)
250 g Butter (zimmerwarm)

FÜR DEN GUSS:

150 g Zartbitter-Schokolade
(etwa 50 % Kakaoanteil)
20 g Kokosfett

PRO STÜCK:

E: 5 g, F: 34 g, Kh: 42 g, kcal: 495

1. Den Backofen vorheizen.
Ober-/Unterhitze: etwa 180 °C
Heißluft: etwa 160 °C

2. Für den Teig die Butter oder Margarine mit einem Mixer (Rührstäbe) auf höchster Stufe geschmeidig rühren. Nach und nach Zucker, Vanillin-Zucker und 1 Prise Salz unterrühren. So lange rühren, bis eine gebundene Masse entstanden ist. Eier einzeln unterrühren (jedes Ei etwa ½ Minute).

3. Mehl mit Speisestärke und Backpulver mischen, in 2 Portionen kurz auf mittlerer Stufe unterrühren. Dann aus dem Teig 7–8 Böden backen. Dafür jeweils gut 3 Esslöffel des Rührteiges auf den Boden einer Springform (Ø 26 cm, gefettet oder mit Backpapier belegt) streichen (darauf achten, dass die Teiglage am Rand nicht zu dünn ist, damit der Boden dort nicht zu dunkel wird).

4. Die Böden ohne Springformrand nacheinander (bei Heißluft 2 Böden zusammen) auf dem Rost in den vorgeheizten Backofen schieben. Die Böden **in etwa 8 Minuten je Boden hellbraun backen.**

5. Die Böden sofort nach dem Backen von den Springformböden lösen und einzeln auf je einem Kuchenrost erkalten lassen.

6. Für die Buttercreme aus Pudding-Pulver, Zucker und Milch einen Pudding nach Packungsanleitung, aber mit 70 g Zucker, zubereiten. Pudding erkalten lassen (nicht kalt stellen), dabei ab und zu durchrühren. Die Butter mit dem Mixer (Rührstäbe) geschmeidig rühren. Den Pudding esslöffelweise unterrühren. Dabei darauf achten, dass Butter und Pudding Zimmertemperatur haben, da die Creme sonst gerinnt.

7. Die einzelnen Gebäckböden (einen Boden nicht bestreichen) mit der Buttercreme bestreichen und zu einer Torte zusammensetzen. Die oberste Schicht soll aus dem nicht bestrichenen Boden bestehen. Die Torte etwa 1 Stunde in den Kühlschrank stellen.

8. Für den Guss Schokolade in kleine Stücke brechen, mit Kokosfett in einem kleinen Topf im Wasserbad bei schwacher Hitze unter Rühren schmelzen.

9. Den Guss in die Mitte der Tortenoberfläche gießen und durch „Bewegen" der Torte auf der Oberfläche und am Rand gleichmäßig verlaufen lassen. Dabei den Guss evtl. am Rand mit einem Messer etwas verstreichen. Um eine gleichmäßige Oberfläche zu erhalten, die Torte auf der Arbeits-

fläche „aufklopfen“. Den Guss fest werden lassen. Die Torte bis zum Servieren in den Kühlschrank stellen.

TIPP:

Diese köstlich-cremige Schokoladentorte wurde zu Ehren des Bayerischen Prinzregenten Luitpold kreiert.

NÜRNBERGER LEBKUCHEN

Nürnberg, Franken

- Zubereitungszeit: 60 Minuten, ohne Abkühlzeit
  Backzeit: etwa 20 Minuten je Backblech
- ▲ Mit Alkohol

ZUTATEN FÜR 40 STÜCK

FÜR DEN LEBKUCHENTEIG:

2 Eier (Größe M)
125 g Zucker
1 Msp. ger. Muskatnuss
je knapp ½ gestr. TL gem. Gewürznelken und gem. Zimt
2 Tropfen Bittermandel-Aroma (aus dem Röhrchen)
½ Fläschchen Rum-Aroma (aus dem Röhrchen)
einige Tropfen Zitronen-Aroma (aus dem Röhrchen)
125 g abgezogene, gem. Mandeln
125 g gehackte Mandeln
125 g fein gewürfeltes Zitronat (Sukkade)

FÜR DEN GUSS:

150 g Puderzucker
2–3 EL heißes Wasser

ZUSÄTZLICH:

40 Oblaten (Ø etwa 6 cm)

PRO STÜCK:

E: 2 g, F: 4 g, Kh: 9 g, kcal: 82

1. Den Backofen vorheizen.
Ober-/Unterhitze: etwa 180 °C
Heißluft: etwa 160 °C

2. Für den Teig Eier und Zucker mit einem Mixer (Rührstäbe) auf höchster Stufe etwa 2 Minuten schaumig schlagen. Nach und nach Muskat, Nelken, Zimt und Aromen hinzugeben.

3. Mandeln und Zitronat unter die Eiercreme rühren. Den Teig fingerdick auf die Oblaten streichen und auf Backbleche (gefettet, mit Backpapier belegt) legen oder als flache Häufchen direkt auf Backbleche (mit Backpapier belegt) setzen. Die Backbleche nacheinander (bei Heißluft zusammen) in den vorgeheizten Backofen schieben. Lebkuchen **etwa 20 Minuten je Backblech backen.**

4. Die Lebkuchen mit dem Backpapier von den Backblechen auf Kuchenroste ziehen.

5. Für den Guss Puderzucker mit Wasser zu einer dickflüssigen Masse verrühren. Die noch warmen Lebkuchen mit dem Guss bestreichen. Guss fest werden lassen.

TIPPS:

Statt mit einem Puderzuckerguss können die Lebkuchen auch mit einer Schokoladenglasur überzogen werden. Nach Belieben mit Mandeln garnieren. Weicher sind die Lebkuchen, wenn Sie die Backbleche nacheinander in den vorgeheizten Backofen schieben und bei Ober-/Unterhitze etwa 180 °C backen. Die Lebkuchen sind in gut schließenden Dosen 2–3 Wochen haltbar.

ABWANDLUNG:

Nürnberger Lebkuchen, etwas anders.
Für den Lebkuchenteig: 2 Eier (Größe M), 200 g Farinzucker, ½ Fläschchen Rum-Aroma, 1 Messerspitze gemahlene Gewürznelken, 125 g gemahlene Haselnusskerne, 125 g nicht abgezogene, gemahlene Mandeln, 75 g fein gehacktes Zitronat. Den Teig wie im Rezept beschrieben zubereiten und backen.

NUSSECKEN

Zubereitungszeit: 30 Minuten, ohne Abkühlzeit
Backzeit: etwa 25 Minuten
Haltbarkeit: etwa 3 Wochen

ZUTATEN FÜR 30 STÜCK

FÜR DEN KNETTEIG:

225 g Weizenmehl
1 gestr. TL Backpulver
100 g Zucker
1 Pck. Vanillin-Zucker
1 Ei (Größe M)
1 EL Wasser
100 g Butter oder Margarine (zimmerwarm)

FÜR DEN BELAG:

150 g Butter
150 g Zucker
2 Pck. Vanillin-Zucker
3 EL Wasser
100 g gem. Haselnusskerne
200 g gehobelte Haselnusskerne

3 EL Aprikosenkonfitüre

FÜR DEN GUSS:

100 g Zartbitter-Schokolade
(etwa 50 % Kakaoanteil)

PRO STÜCK:

E. 2 g, F: 15 g, Kh: 19 g, kcal: 219

1. Den Backofen vorheizen.
Ober-/Unterhitze: etwa 180 °C
Heißluft: etwa 160 °C

2. Für den Teig Mehl mit Backpulver in einer Rührschüssel mischen. Restliche Zutaten für den Teig hinzufügen und mit einem Mixer (Knethaken) zunächst kurz auf niedrigster, dann auf höchster Stufe gut durcharbeiten.

3. Anschließend auf der leicht bemehlten Arbeitsfläche kurz zu einem Teig verkneten. Den Teig mit den Händen zu einer Rolle formen, bis zur Weiterverarbeitung in Frischhaltefolie gewickelt in den Kühlschrank legen.

4. Für den Belag Butter mit Zucker, Vanillin-Zucker und Wasser in einem Topf unter Rühren langsam erwärmen und zerlassen. Gemahlene und gehobelte Nusskerne unterrühren. Den Topf von der Kochstelle nehmen. Den Belag etwa 10 Minuten abkühlen lassen.

5. Den Teig auf einem Backblech (30 x 40 cm, gefettet) ausrollen. Zuerst die Konfitüre darauf verstreichen, dann den Belag gleichmäßig auf dem Teig verteilen.

6. Das Backblech in den vorgeheizten Backofen schieben. Die Gebäckplatte **etwa 25 Minuten backen.**

7. Das Backblech auf einen Kuchenrost stellen. Die Gebäckplatte etwa 20 Minuten abkühlen lassen. Anschließend die Gebäckplatte in Quadrate (je etwa 8 x 8 cm) schneiden und diese diagonal halbieren, sodass Dreiecke entstehen. Nussecken erkalten lassen.

8. Für den Guss Schokolade in kleine Stücke brechen, in einem kleinen Topf im Wasserbad bei schwacher Hitze unter Rühren schmelzen. Jeweils die beiden spitzen Ecken der Nussecken in den Guss tauchen. Die Nussecken auf einen Kuchenrost oder Backpapier legen. Den Guss trocknen lassen.

N

OBSTKUCHEN MIT VANILLECREME

Norddeutschland
Zubereitungszeit: 60 Minuten, ohne Abkühlzeit
Backzeit: etwa 20 Minuten

ZUTATEN FÜR 20 STÜCKE

FÜR DEN RÜHRTEIG:

200 g Butter oder Margarine (zimmerwarm)
200 g Zucker
1 Pck. Vanillin-Zucker
4 Eier (Größe M)
200 g Weizenmehl
2 gestr. TL Backpulver

FÜR DIE VANILLECREME:

3 Blatt weiße Gelatine
1 Pck. Pudding-Pulver Vanille-Geschmack
40 g Zucker
500 ml Milch (3,5 % Fett)
250 g Crème fraîche

FÜR DEN OBSTBELAG UND DEN GUSS:

etwa 850 g vorbereitetes frisches Obst oder gut abgetropft aus dem Glas
3 Pck. ungezuckerter Tortenguss, klar
250 ml klarer Apfelsaft
500 ml Wasser
6 EL Zucker

PRO STÜCK:

E: 4 g, F: 14 g, Kh: 36 g, kcal: 290

1. Den Backofen vorheizen.
Ober-/Unterhitze: etwa 180 °C
Heißluft: etwa 160 °C

2. Für den Teig Butter oder Margarine mit einem Mixer (Rührstäbe) auf höchster Stufe geschmeidig rühren. Nach und nach Zucker und Vanillin-Zucker unterrühren. So lange rühren, bis eine gebundene Masse entstanden ist.

3. Die Eier nach und nach unterrühren (jedes Ei etwa ½ Minute).

4. Mehl mit Backpulver mischen und kurz auf mittlerer Stufe unterrühren. Den Teig auf ein Backblech (30 x 40 cm, gefettet, mit Backpapier belegt) geben und glatt streichen. Das Backblech in den vorgeheizten Backofen schieben. Den Gebäckboden **etwa 20 Minuten backen.**

5. Das Backblech auf einen Kuchenrost stellen. Den Gebäckboden darauf erkalten lassen. Den Gebäckboden vom Backpapier lösen. Die Seitenkanten gerade schneiden. Gebäckboden auf eine Platte legen. Einen Backrahmen darumstellen.

6. Für die Vanillecreme Gelatine nach Packungsanleitung einweichen. Aus Pudding-Pulver, Zucker und Milch einen Pudding nach Packungsanleitung zubereiten. Den Topf von der Kochstelle nehmen. Gelatine ausdrücken und in dem heißen Pudding unter Rühren auflösen, Crème fraîche unterrühren. Die Vanillecreme auf dem Gebäckboden verteilen, glatt streichen und erkalten lassen.

7. Für den Obstbelag und den Guss vorbereitetes Obst nach Belieben in Stücke, Scheiben oder Spalten schneiden und dekorativ auf der Creme verteilen, dabei auch den Rand gut auslegen.

8. Aus Tortengusspulver, Apfelsaft, Wasser und Zucker einen Guss nach Packungsanleitung zubereiten. Den Guss auf dem Obst verteilen, Guss fest werden lassen.

9. Den Obstkuchen bis zum Verzehr in den Kühlschrank stellen. Backrahmen mit einem Messer lösen und die Seitenkanten evtl. mit einem feuchten Messer säubern.

OSTFRIESENTORTE

Norddeutschland

◷ Zubereitungszeit: 20 Minuten, ohne Abkühlzeit
Backzeit: 25–30 Minuten

▲ Mit Alkohol

ZUTATEN FÜR 14 STÜCKE

FÜR DEN BISKUITTEIG:

4 Eier (Größe M)
3–4 EL heißes Wasser
150 g Zucker
1 Pck. Vanillin-Zucker
100 g Weizenmehl
100 g Speisestärke
1 gestr. TL Backpulver

FÜR DIE FÜLLUNG:

125 g abgetropfte Rum-Rosinen
600 g Schlagsahne (mind. 30 % Fett)
3 Pck. Sahnesteif
2 Pck. Vanillin-Zucker
2–3 EL Rum

ZUM GARNIEREN:

25 g Rosinen

PRO STÜCK:

E: 4 g, F: 15 g, Kh: 33 g, kcal: 295

1. Den Backofen vorheizen.
Ober-/Unterhitze: etwa 180 °C
Heißluft: etwa 160 °C

2. Für den Teig die Eier und Wasser mit einem Mixer (Rührstäbe) auf höchster Stufe in 1 Minute schaumig schlagen. Zucker und Vanillin-Zucker mischen, in 1 Minute einstreuen, dann noch etwa 2 Minuten schlagen.

3. Mehl mit Speisestärke und Backpulver mischen, die Hälfte davon auf die Eiercreme geben und kurz auf niedrigster Stufe unterrühren. Restliches Mehlgemisch auf die gleiche Weise unterarbeiten.

4. Den Teig in eine Springform (Ø 26 cm, Boden gefettet, mit Backpapier belegt) geben und vorsichtig glatt streichen.

5. Die Form auf dem Rost in den vorgeheizten Backofen schieben. Den Biskuitboden **25–30 Minuten backen.**

6. Den Biskuitboden aus der Form lösen und auf einen mit Backpapier belegten Kuchenrost stürzen.

7. Biskuitboden erkalten lassen, dann mitgebackenes Backpapier abziehen. Biskuitboden zweimal waagerecht durchschneiden.

8. Für die Füllung von den Rum-Rosinen die Flüssigkeit auffangen. Sahne mit Sahnesteif und Vanillin-Zucker steif schlagen. Unter zwei Drittel der Sahne die Rum-Rosinen heben.

9. Den unteren und mittleren Boden mit der aufgefangenen Rum-Rosinen-Flüssigkeit und dem Rum tränken. Die beiden Tortenböden mit der Rosinensahne bestreichen und aufeinandersetzen.

10. Den dritten Tortenboden darauflegen. Die Tortenoberfläche und den -rand mit der restlichen Sahne bestreichen, mithilfe eines Esslöffels Vertiefungen in die Tortenoberfläche drücken.

11. Die Torte mit Rosinen garnieren und bis zum Servieren in den Kühlschrank stellen.

PLUNDERKRANZ

Westfalen

- Zubereitungszeit: 70 Minuten, ohne Abkühlzeit
  Teiggeh-/Ruhezeit: etwa 50 Minuten
  Backzeit: 35–40 Minuten
- ▲ Mit Alkohol

ZUTATEN FÜR 14–16 STÜCKE

FÜR DEN PLUNDERTEIG:

375 g Weizenmehl
1 Pck. Trockenbackhefe
50 g Zucker, 1 Pck. Vanillin-Zucker
1 Prise Salz, 1 Ei (Größe M)
50 g Butter, in Stücke geschnitten
200 ml kalte Milch (3,5 % Fett)

150 g kalte Butter, in Scheiben geschnitten

FÜR DIE FÜLLUNG:

200 g Marzipan-Rohmasse
50 g Butter (zimmerwarm)
1 EL Rum, 175 g Rosinen
75 g gehobelte Mandeln

ZUM APRIKOTIEREN:

3 EL Aprikosenkonfitüre
1 EL Wasser

PRO STÜCK:

E: 7 g, F: 22 g, Kh: 41 g, kcal: 398

1. Für den Teig Mehl in eine Rührschüssel geben und mit Trockenbackhefe sorgfältig vermischen. Restliche Zutaten für den Teig hinzufügen und mit einem Mixer (Knethaken) zunächst kurz auf niedrigster, dann auf höchster Stufe in etwa 5 Minuten zu einem glatten Teig verarbeiten. Den Teig etwa 5 Minuten bei Zimmertemperatur ruhen lassen.

2. Den Teig auf der leicht bemehlten Arbeitsfläche zu einem Rechteck (etwa 25 x 40 cm) ausrollen. Die Hälfte der Teigplatte (etwa 25 x 20 cm) mit Butterscheiben belegen, die andere Teighälfte daraufklappen und mit der Teigrolle leicht andrücken.

3. Das Teigpaket mit der breiten Seite zur Arbeitsfläche legen, wieder zu einem Rechteck (etwa 25 x 40 cm) ausrollen. Anschließend von den kürzeren Seiten aus zur Mitte hin so zusammenklappen, dass die Teigkanten aneinanderstoßen. Den Teig nochmals von der längeren Seite aus so überschlagen, dass 4 Teiglagen entstehen. Das Teigpaket in Frischhaltefolie gewickelt etwa 15 Minuten im Kühlschrank ruhen lassen.

4. Die Folie entfernen. Das Teigpaket mit der breiten Seite zur Arbeitsfläche legen, dann erneut ausrollen und wie zuvor beschrieben zusammenschlagen. Das Teigpaket in Frischhaltefolie gewickelt nochmals etwa 15 Minuten im Kühlschrank ruhen lassen.

5. Für die Füllung Marzipan in hauchdünne Scheiben schneiden. Marzipanscheiben mit Butter in einer Rührschüssel mit dem Mixer (Rührstäbe) geschmeidig rühren. Rum unterrühren.

6. Die Folie entfernen. Das Teigpaket auf der leicht bemehlten Arbeitsfläche zu einem Rechteck (etwa 40 x 50 cm) ausrollen. Die Marzipanmasse darauf verteilen, mit Rosinen und Mandeln bestreuen.

7. Den Backofen vorheizen.
Ober-/Unterhitze: etwa 180 °C
Heißluft: etwa 160 °C

8. Die Teigplatte der Länge nach durchschneiden. Beide Teighälften von der längeren Seite aus aufrollen, umeinanderschlingen und als Kranz auf ein Backblech (mit Backpapier belegt) legen. Den Teigkranz nochmals etwa 15 Minuten bei Zimmertemperatur ruhen lassen.

9. Das Backblech in den vorgeheizten Backofen schieben. Plunderkranz **35–40 Minuten backen.**

10. Den Plunderkranz mit dem Backpapier vom Backblech auf einen Kuchenrost ziehen.

11. Zum Aprikotieren Konfitüre mit Wasser in einem Topf unter Rühren kurz aufkochen lassen. Die Konfitüre durch ein Sieb streichen. Den Plunderkranz sofort damit bestreichen. Etwas abkühlen lassen.

PRASSELKUCHEN MIT HEIDELBEEREN

Sachsen

Zubereitungszeit: 25 Minuten, ohne Abkühlzeit
Backzeit: etwa 20 Minuten

ZUTATEN FÜR 20 STÜCKE

ZUM VORBEREITEN:

2 Pck. Blätterteig
(aus dem Kühlregal, je etwa 270 g)
600 g TK-Heidelbeeren

FÜR DIE STREUSEL:

250 g Weizenmehl
250 g Butter (zimmerwarm)
150 g Zucker
½ TL gem. Vanille

FÜR DEN ZITRONENGUSS:

100 g Puderzucker
Saft von ½ Zitrone

ZUM BESTÄUBEN:

½ EL Puderzucker

PRO STÜCK:

E: 3 g, F: 19 g, Kh: 32 g, kcal: 320

1. Zum Vorbereiten den Blätterteig aus der Packung nehmen und vorsichtig mit dem Backpapier entrollen. Heidelbeeren antauen lassen.

2. Den Backofen vorheizen.
Ober-/Unterhitze: etwa 200 °C
Heißluft: etwa 180 °C

3. Für die Streusel Mehl in eine Rührschüssel geben. Butter, Zucker, Vanille und 1 Prise Salz hinzufügen. Die Zutaten mit dem Mixer (Rührstäbe) zunächst kurz auf niedrigster, dann auf höchster Stufe zu Streuseln von gewünschter Größe verarbeiten.

4. Eine Blätterteigplatte mit dem anhaftenden Backpapier nach unten auf ein Backblech (30 x 40 cm, mit Backpapier belegt) stürzen. Zweite Blätterteigplatte mit dem anhaftenden Backpapier nach oben so auf die erste Teigplatte legen, dass beide Teigplatten leicht überlappen und das Backblech bedecken. Das obere Backpapier abziehen. Teig flach ausrollen, dabei am Rand leicht hochdrücken. Heidelbeeren darauf verteilen. Streusel gleichmäßig darüberstreuen.

5. Das Backblech in den vorgeheizten Backofen schieben. Den Kuchen **etwa 20 Minuten backen.**

6. In der Zwischenzeit für den Guss Puderzucker mit Zitronensaft zu einem glatten Guss verrühren.

7. Das Backblech auf einen Kuchenrost stellen. Den Kuchen etwas abkühlen lassen.

8. Den Zitronenguss graffitiartig darüberträufeln. Den Rand mit Puderzucker bestäuben. Guss trocknen lassen.

TIPPS:

Wer mag, kann für die sächsische Spezialität auch TK-Sauerkirschen statt TK-Heidelbeeren nehmen. Servieren Sie zu dem Prasselkuchen mit Heidelbeeren eine Vanille-Sahne. Hierfür 1 Vanilleschote längs halbieren, das Mark mit einem Messerrücken herauskratzen und zusammen mit 250 g Schlagsahne (mind. 30 % Fett) steif schlagen.

PREUSSISCHER ZIMTKUCHEN

Berlin, Brandenburg

● Zubereitungszeit: 10 Minuten, ohne Abkühlzeit
Backzeit: etwa 25 Minuten

▲ Mit Alkohol

ZUTATEN FÜR 20 STÜCKE

1 Pck. frischer Blätterteig (aus dem Kühlregal, 275 g, rechteckig, etwa 40 x 25 cm)

FÜR DEN BELAG:

250 g abgezogene, gem. Mandeln
1 EL Mandellikör oder -sirup
250 g Zucker
1 Ei (Größe M)
100 g Schmand (Sauerrahm)
1 gestr. TL gem. Zimt
½ Pck. Finesse Ger. Zitronenschale

PRO STÜCK:

E: 4 g, F: 11 g, Kh: 19 g, kcal: 194

1. Den Backofen vorheizen.
Ober-/Unterhitze: etwa 200 °C
Heißluft: etwa 180 °C

2. Die Blätterteigplatte mit dem Backpapier auf ein Backblech (30 x 40 cm) legen. Den Teig mit einer Gabel dicht an dicht einstechen.

3. Für den Belag die Mandeln mit Likör oder Sirup, Zucker, Ei, Schmand, Zimt und Zitronenschale zu einer streichfähigen Masse verrühren.

4. Die Mandelmasse auf die Blätterteigteigplatte streichen, dabei rundherum einen etwa 1 cm breiten Rand frei lassen.

5. Das Backblech in den vorgeheizten Backofen schieben. Den Kuchen **etwa 25 Minuten backen.**

6. Das Backblech auf einen Kuchenrost stellen. Den Kuchen etwa 4 Minuten abkühlen lassen, dann mit einem scharfen Messer in etwa 5 x 10 cm breite Streifen schneiden. Kuchenstreifen erkalten lassen.

REZEPTVARIANTE:

Den Blätterteig haben wahrscheinlich die Hugenotten nach Berlin gebracht. Typisch dafür sind auch **Schweineöhrchen** aus Blätterteig. Dafür die Platten von 225 g TK-Blätterteig nebeneinander auf die Arbeitsfläche legen, nach Packungsanleitung auftauen lassen. 25 g Butter in einem Topf zerlassen und etwas abkühlen lassen. Die Teigplatten aufeinanderlegen, auf der bemehlten Arbeitsfläche zu einem Rechteck (etwa 55 x 22 cm) ausrollen und mit der zerlassenen Butter bestreichen. 50 g Zucker mit 1 Päckchen Vanillin-Zucker mischen. Den Teig gleichmäßig damit bestreuen. Von den beiden kurzen Seiten aus den Teig zur Mitte hin aufrollen, sodass die Rollen aneinanderstoßen. Die Rollen fest zusammendrücken und so lange in den Kühlschrank legen, bis der Teig schnittfest ist (etwa 30 Minuten). Den Backofen auf Ober-/Unterhitze: etwa 200 °C, Heißluft: etwa 180 °C vorheizen. Die Teigrolle in knapp 1 cm dicke Scheiben schneiden und portionsweise mit Abstand auf ein Backblech (mit Backpapier belegt) legen. Das Backblech in den vorgeheizten Backofen schieben und etwa 15 Minuten backen. Das Gebäck nach etwa 10 Minuten Backzeit umdrehen. Die restlichen Schweineöhrchen ebenso auf Backpapier vorbereiten. Die gebackenen Schweineöhrchen vom Backpapier lösen, noch heiß mit etwas Zucker bestreuen und auf einem Kuchenrost erkalten lassen. Die restlichen vorbereiteten Öhrchen mit dem Backpapier auf das Backblech ziehen, backen, mit Zucker bestreuen und erkalten lassen.

PUNSCHTORTE

Süddeutschland
Zubereitungszeit: 35 Minuten
Backzeit: etwa 20 Minuten je Boden
▲ Mit Alkohol

ZUTATEN FÜR 8 STÜCKE

FÜR DEN TEIG (PRO BISKUITBODEN):

2 Eier (Größe M)
2 EL heißes Wasser
75 g Zucker
1 Pck. Vanillin-Zucker
50 g Weizenmehl
50 g Speisestärke
1 gestr. TL Backpulver

FÜR DIE FÜLLUNG:

4 Stück Würfelzucker
abger. Schale von ½ Bio-Orange (unbehandelt, ungewachst)
4 EL Orangensaft
1–2 EL Zitronensaft
100 ml Rotwein
3 EL Rum
30 g Zartbitter-Schokolade (etwa 50 % Kakaoanteil)

ZUM BESTREICHEN:

100 g Johannisbeergelee

100 g Marzipan-Rohmasse
50 g Puderzucker

FÜR DEN GUSS:

50 g Puderzucker
1 EL Malventee (zubereitet aus 1 Aufgussbeutel mit 4 EL kochendem Wasser)

ZUM GARNIEREN UND VERZIEREN:

evtl. 8 kandierte Kirschen
evtl. 30 g Puderzucker
evtl. Rote-Bete-Saft

PRO STÜCK:

E: 3 g, F: 5 g, Kh: 48 g, kcal: 265

1. Den Backofen vorheizen.
Ober-/Unterhitze: etwa 180 °C
Heißluft: nicht geeignet

2. Für den Teig Eier mit heißem Wasser mit einem Mixer (Rührstäbe) auf höchster Stufe in 1 Minute schaumig schlagen. Zucker mit Vanillin-Zucker mischen, in 1 Minute einstreuen, dann noch etwa 2 Minuten schlagen.

3. Mehl mit Speisestärke und Backpulver mischen, auf die Eiercreme geben und kurz auf niedrigster Stufe unterrühren.

4. Den Teig in eine Springform (Ø 18 cm, gefettet, mit Backpapier belegt) füllen und glatt streichen. Den Tortenboden **etwa 20 Minuten backen.**

5. Den Tortenboden aus der Form lösen, auf einen Kuchenrost stürzen und erkalten lassen. Auf diese Weise einen zweiten Tortenboden zubereiten, backen und erkalten lassen.

6. Für die Füllung einen der beiden Biskuitböden zerbröseln. Mit den Ecken des Würfelzuckers die Schale der Orange abreiben, mit Orangensaft, Zitronensaft, Rotwein, Rum und Schokolade in einem Topf erhitzen. Die heiße Masse sofort unter die Biskuitbrösel rühren.

7. Von dem zweiten Biskuitboden eine gut 1 cm dicke Platte abschneiden und beiseitelegen. Gelee glatt rühren, den unteren Boden mit etwas von dem Gelee bestreichen.

8. Die Brösel-Schokoladen-Masse darauf verteilen, ebenfalls mit etwas Gelee bestreichen.

9. Die beiseitegelegte Biskuitplatte darauflegen und gut andrücken. Tortenoberfläche und -rand mit dem restlichen Gelee bestreichen.

10. Marzipan mit Puderzucker verkneten und etwa 2 mm dick ausrollen. Einen Streifen in Höhe des Tortenrands und eine Decke in Größe der Tortenoberfläche daraus schneiden. Die Punschtorte damit be- und umlegen, Marzipan fest andrücken.

11. Für den Guss Puderzucker mit Malventee zu einer dickflüssigen Masse verrühren, die Torte damit überziehen. Mit kandierten Kirschen garnieren und nach Belieben mit Puderzucker mit etwas heißem Wasser und Rote-Bete-Saft verrührt verzieren.

QUARK-ROSINEN-WECKCHEN

Rheinland

Zubereitungszeit: 25 Minuten
Teiggeh-/Ruhezeit: etwa 50 Minuten
Backzeit: etwa 15 Minuten

ZUTATEN FÜR 16 STÜCK

FÜR DEN HEFETEIG:

500 g Weizenmehl
42 g frische Hefe
125 ml lauwarme Milch (3,5 % Fett)
80 g Zucker
1 Pck. Vanillin-Zucker
1 Pck. Finesse Ger. Zitronenschale
½ gestr. TL Salz
250 g Magerquark
1 Ei (Größe M)
1 Eiweiß (Größe M)
100 g Rosinen

ZUM BESTREICHEN:

1 Eigelb
1 EL Milch

PRO STÜCK:

E: 7 g, F: 1 g, Kh: 34 g, kcal: 180

1. Für den Hefeteig Mehl in eine Rührschüssel geben und in die Mitte eine Vertiefung eindrücken. Hefe hineinbröckeln, mit etwas Milch und Zucker verrühren und etwa 15 Minuten gehen lassen.

2. Restliche Milch, Vanillin-Zucker, Zitronenschale, Salz, Quark, Ei und Eiweiß hinzufügen. Die Zutaten mit einem Mixer (Knethaken) zunächst kurz auf niedrigster, dann auf höchster Stufe in etwa 5 Minuten zu einem glatten Teig verarbeiten. Rosinen kurz unterkneten. Den Teig zugedeckt so lange an einem warmen Ort gehen lassen, bis er sich sichtbar vergrößert hat, etwa 20 Minuten.

3. In der Zwischenzeit den Backofen vorheizen.
Ober-/Unterhitze: etwa 200 °C
Heißluft: etwa 180 °C

4. Den Teig mit Mehl bestäuben und auf einer leicht bemehlten Arbeitsfläche nochmals kurz durchkneten. Den Teig zu einer Rolle formen und in 16 gleich große Portionen teilen. Teigportionen jeweils zu einem Brötchen formen und auf ein Backblech (gefettet, mit Backpapier belegt) legen. Die Teigbrötchen zugedeckt nochmals so lange an einem warmen Ort gehen lassen, bis sie sich sichtbar vergrößert haben, etwa 15 Minuten.

5. Zum Bestreichen Eigelb mit Milch verschlagen. Die Brötchen damit bestreichen, dann an der Oberfläche kreuzweise einschneiden.

6. Das Backblech in den vorgeheizten Backofen schieben. Die Brötchen **etwa 15 Minuten backen.**

7. Die Brötchen auf einen Kuchenrost legen und lauwarm servieren oder erkalten lassen.

TIPP:

Die Brötchen eignen sich sehr gut zum Einfrieren. Einfach die ganz frischen Brötchen portionsweise gut verpackt einfrieren. Die eingefrorenen Brötchen in der Verpackung auftauen lassen und bei angegebener Backofentemperatur etwa 5 Minuten aufbacken.

QUARKSTOLLEN MIT MOHN-MARZIPAN-FÜLLUNG

◔ Zubereitungszeit: 40 Minuten, ohne Abkühlzeit
Backzeit: etwa 60 Minuten
▲ Mit Alkohol

ZUTATEN FÜR 20 STÜCKE

FÜR DEN TEIG:

400 g Weizenmehl
4 gestr. TL Backpulver
100 g Zucker
½ Röhrchen Rum-Aroma
1 Prise Salz
1 Msp. gem. Gewürznelken
1 Msp. gem. Kardamom
1 Msp. gem. Ingwer
1 Msp. ger. Muskatnuss
1 Ei (Größe M)
200 g Butter oder Margarine (zimmerwarm)
250 g Magerquark

FÜR DIE FÜLLUNG:

1 Eiweiß (Größe M)
100 g Marzipan-Rohmasse
250 g Mohnback (backfertige Mohnfüllung)
1 Eigelb (Größe M)
100 g abgezogene, gem. Mandeln

ZUM BESTREICHEN UND BESTÄUBEN:

etwa 50 g Butter
etwa 50 g Puderzucker

PRO STÜCK:

E: 7 g, F: 17 g, Kh: 29 g, kcal: 327

1. Den Backofen vorheizen.
Ober-/Unterhitze etwa 250 °C
Heißluft: etwa 230 °C

2. Für den Teig Mehl mit Backpulver in einer Rührschüssel mischen. Restliche Zutaten für den Teig hinzufügen und alles mit einem Mixer (Knethaken) zunächst kurz auf niedrigster, dann auf höchster Stufe zu einem glatten Teig verarbeiten.

3. Den Teig auf der leicht bemehlten Arbeitsfläche zu einem Quadrat (etwa 30 x 30 cm) ausrollen.

4. Für die Füllung den Teig mit Eiweiß bestreichen. Marzipan verkneten, zwischen einem aufgeschnittenen Gefrierbeutel zu einem Rechteck (etwa 28 x 20 cm) ausrollen, auf den Teig legen.

5. Die Mohnfüllung mit Eigelb und Mandeln verrühren. Die Füllung auf die Marzipanplatte streichen, den Teig aufrollen und die Enden durch Andrücken verschließen, mit der Teigrolle der Länge nach eine Vertiefung eindrücken.

6. Die linke Seite leicht versetzt auf die rechte Seite schlagen. Den mittleren Teil mit den Händen der Länge nach zu einem Wulst formen, die Seiten nochmals fest hochdrücken.

7. Den Stollen auf ein Backblech (mit 3 Lagen Backpapier belegt) legen. Das Backblech in den vorgeheizten Backofen schieben. Sofort die Backofentemperatur herunterschalten.
Ober-/Unterhitze: etwa 160 °C
Heißluft: etwa 140 °C
Den Stollen **etwa 60 Minuten backen.**

8. Zum Bestreichen und Bestäuben Butter in einem kleinen Topf zerlassen. Den Stollen sofort nach dem Backen mit der Hälfte davon bestreichen und mit der Hälfte des Puderzuckers bestäuben. Den Stollen auf einem Kuchenrost etwas abkühlen lassen und den Vorgang wiederholen.

TIPPS:

Statt der einzelnen Gewürze können Sie auch 1 Teelöffel Christstollengewürz verwenden.
Geben Sie zusätzlich 50–75 g Rum-Rosinen mit in die Mohnfüllung.

RHEINISCHE MUZEN (IM FOTO OBEN)

Rheinland
Zubereitungs- und Backzeit: etwa 60 Minuten
▲ Mit Alkohol

ZUTATEN FÜR 80 STÜCK

ZUM AUSBACKEN:

1 ½ l Speiseöl

FÜR DEN TEIG:

40 g Puderzucker
2 Eier (Größe M), 1 Pck. Vanillin-Zucker
250 g Weizenmehl, 2 gestr. TL Backpulver
2 EL Rum

PRO STÜCK:

E: 0,5 g, F: 1 g, Kh: 3 g, kcal: 21

1. Zum Ausbacken Speiseöl in einem Topf oder einer Fritteuse auf etwa 175 °C erhitzen, sodass sich um einen in das Fett gehaltenen Holzlöffelstiel Bläschen bilden.

2. Für den Teig Puderzucker mit Eiern und Vanillin-Zucker in eine Rührschüssel geben und mit einem Mixer (Rührstäbe) auf höchster Stufe 3 Minuten aufschlagen. Mehl mit Backpulver mischen und kurz auf niedrigster Stufe mit dem Rum unterrühren.

3. Den Teig portionsweise auf der bemehlten Arbeitsfläche dünn ausrollen, mit einem Teigrädchen in etwa 7 cm große Rauten schneiden.

4. Die Muzen portionsweise von beiden Seiten schwimmend in dem siedenden Ausbackfett goldbraun backen. Muzen mit einem Schaumlöffel herausnehmen und auf Küchenpapier gut abtropfen lassen.

RHEINISCHE MUZEN-MANDELN (IM FOTO UNTEN)

Rheinland
Zubereitungs- und Backzeit: etwa 80 Minuten
▲ Mit Alkohol

ZUTATEN FÜR 80 STÜCK

ZUM AUSBACKEN:

Ausbackfett

FÜR DEN KNETTEIG:

325 g Weizenmehl
1 ½ gestr. TL Backpulver
100 g Zucker
8 Tropfen Rum-Aroma (aus dem Röhrchen)
2 Eier (Größe M), 1 Prise Salz
100 g Butter oder Margarine (zimmerwarm)

PRO STÜCK:

E: 1 g, F: 2 g, Kh: 6 g, kcal: 43

1. Das Ausbackfett in einem Topf oder einer Fritteuse auf etwa 175 °C erhitzen, sodass sich um einen in das Fett gehaltenen Holzlöffelstiel sofort Bläschen bilden.

2. Für den Knetteig Mehl mit Backpulver in einer Rührschüssel mischen. Restliche Zutaten hinzufügen und alles mit einem Mixer (Knethaken) zunächst kurz auf niedrigster, dann auf höchster Stufe zu einem Teig verarbeiten. Den Teig mit den Händen zu einer Rolle formen. Den Teig auf der leicht bemehlten Arbeitsfläche etwa 1 cm dick ausrollen, mit 2 Teelöffeln Mutzenmandeln daraus formen.

3. Die Muzenmandeln portionsweise schwimmend im siedenden Ausbackfett goldgelb backen. Anschließend mit einem Schaumlöffel herausnehmen und auf Küchenpapier gut abtropfen lassen.

RHEINISCHE SPEKULATIUS

Rheinland

Zubereitungszeit: 80 Minuten, ohne Abkühlzeit
Backzeit: etwa 10 Minuten je Backblech
Haltbarkeit: etwa 3 Wochen

ZUTATEN FÜR 2 BACKBLECHE

FÜR DEN KNETTEIG:

200 g Weizenmehl
80 g Puderzucker
1 Eigelb (Größe M)
80 g Butter oder Margarine (zimmerwarm)
1 ½ TL Spekulatius-Gewürz

ZUSÄTZLICH:

evtl. Holzmodel für Spekulatius

INSGESAMT:

E: 27 g, F: 77 g, Kh: 224 g, kcal: 1691

1. Für den Teig Mehl in eine Rührschüssel geben. Puderzucker, 1 Prise Salz, Eigelb, Butter oder Margarine und Spekulatius-Gewürz hinzufügen. Die Zutaten mit einem Mixer (Knethaken) zunächst kurz auf niedrigster, dann auf höchster Stufe gut durcharbeiten.

2. Anschließend auf der leicht bemehlten Arbeitsfläche kurz zu einem Teig verkneten. Sollte er kleben, ihn in Frischhaltefolie gewickelt eine Zeit lang in den Kühlschrank legen.

3. Den Backofen vorheizen.
Ober-/Unterhitze: etwa 180 °C
Heißluft: etwa 160 °C

4. Den Teig auf der leicht bemehlten Arbeitsfläche dünn ausrollen. Aus dem Teig entweder mit beliebigen Formen Motive ausstechen oder den Teig in Holzmodel (sehr gut bemehlt) drücken, den überstehenden Teig abschneiden und die Teigspekulatius aus den Modeln schlagen. Alle Spekulatius mit etwas Abstand auf Backbleche (mit Backpapier belegt) legen.

5. Die Backbleche nacheinander (bei Heißluft zusammen) in den vorgeheizten Backofen schieben. Die Spekulatius **etwa 10 Minuten je Backblech backen.**

6. Die Spekulatius mit dem Backpapier auf Kuchenroste ziehen und erkalten lassen.

REZEPTVARIANTE:

Mandelspekulatius
Den Teig wie beschrieben zubereiten. Die Arbeitsfläche mit etwa 50 g gehobelten Mandeln bestreuen und den Teig darauf dünn ausrollen. Beliebige Motive ausstechen oder den Teig wie beschrieben in Model drücken. Anschließend wie angegeben backen.

TIPPS:

Es kann keine Stückzahl angegeben werden, da die Model unterschiedlich groß sind. Nach Belieben zusätzlich 20 g abgezogene, gemahlene Mandeln verwenden.

RHEINISCHER SCHICHTKUCHEN

Rheinland

Zubereitungszeit: 45 Minuten, ohne Abkühl- und Durchziehzeit
Backzeit: 8–10 Minuten je Boden

ZUTATEN FÜR 20 STÜCKE

FÜR DEN RÜHRTEIG:

500 g Butter oder Margarine (zimmerwarm)
300 g Zucker
1 Pck. Bourbon-Vanille-Zucker
8 Eier (Größe M)
450 g Weizenmehl

FÜR DIE FÜLLUNG:

etwa 400 g rotes Johannisbeergelee
etwa 400 g Apfelgelee

ZUM BESTÄUBEN:

etwas Puderzucker

PRO STÜCK:

E: 5 g, F: 23 g, Kh: 57 g, kcal: 460

1. Den Backofen vorheizen.
Ober-/Unterhitze: etwa 180 °C
Heißluft: etwa 160 °C

2. Für den Teig Butter oder Margarine mit einem Mixer (Rührstäbe) auf höchster Stufe geschmeidig rühren. Nach und nach Zucker, Vanille-Zucker und 1 Prise Salz unterrühren. So lange rühren, bis eine gebundene Masse entstanden ist.

3. Eier einzeln unterrühren (jedes Ei etwa ½ Minute). Das Mehl in 3–4 Portionen auf mittlerer Stufe unterrühren.

4. Aus dem Teig nacheinander 10–12 goldgelbe Böden backen. Dafür jeweils gut 2 Esslöffel des Teiges gleichmäßig dünn mithilfe eines Teigspatels auf dem Boden einer Springform (eckig etwa 24 x 24 cm, alternativ Ø 26–28 cm, gefettet und fein mit Mehl bestäubt) verstreichen.

5. Die Böden jeweils ohne Springformrand backen. Die Springformböden auf dem Rost in den vorgeheizten Backofen schieben. Die Böden jeweils **in 8–10 Minuten hellgelb backen.**

6. Die Böden sofort nach dem Backen vorsichtig vom Springformboden lösen.

7. Die frisch gebackenen Böden abwechselnd jeweils sofort gleichmäßig nicht zu dick mit Johannisbeer- bzw. Apfelgelee bestreichen. Den nächsten gebackenen Boden passgenau darauflegen und sofort wieder bestreichen, bis alle Böden und Gelee zu einem Schichtkuchen zusammengesetzt sind.

8. Den Schichtkuchen vollständig erkalten lassen und an einem kühlen Ort mehrere Tage durchziehen lassen.

9. Den Kuchen vor dem Servieren mit Puderzucker bestäuben.

TIPP:

Da der Kuchen sehr gehaltvoll ist, zum Servieren in gerade, nur etwa 1 cm dicke Scheiben schneiden und anrichten.

RIEMCHEN-APFELKUCHEN

Rheinland

Zubereitungszeit: 30 Minuten
Teiggeh-/Ruhezeit: etwa 50 Minuten
Backzeit: 15–20 Minuten

ZUTATEN FÜR 16 STÜCKE

FÜR DEN HEFETEIG:

125 ml lauwarme Milch (3,5 % Fett)
50 g zerlassene, abgekühlte Margarine
250 g Weizenmehl
1 Pck. Trockenbackhefe
50 g Zucker

FÜR DEN BELAG:

700 g Apfelmus
(frisch zubereitet oder aus dem Glas)

ZUM BESTREICHEN UND BESTREUEN:

1 Eigelb
1 TL Milch
Hagelzucker

PRO STÜCK:

E: 2 g, F: 4 g, Kh: 20 g, kcal: 126

1. Für den Teig Milch in einem Topf erwärmen und die Butter darin zerlassen. Mehl in eine Rührschüssel geben und mit der Trockenbackhefe sorgfältig vermischen. Zucker, 1 Prise Salz und das Milch-Fett-Gemisch hinzufügen.

2. Die Zutaten mit einem Mixer (Knethaken) zunächst kurz auf niedrigster, dann auf höchster Stufe in etwa 5 Minuten zu einem glatten Teig verarbeiten. Den Teig zugedeckt so lange an einem warmen Ort gehen lassen, bis er sich sichtbar vergrößert hat, etwa 30 Minuten.

3. Den gegangenen Teig aus der Schüssel nehmen und auf der leicht bemehlten Arbeitsfläche nochmals kurz durchkneten. Zwei Drittel des Teiges auf einem Springformboden (Ø 28 cm, Boden gefettet) ausrollen, den Springformrand darumlegen, schließen und den Teig etwa 2 cm am Rand hochdrücken (Springformrand nicht fetten).

4. Für den Belag Apfelmus auf dem Teig verteilen.

5. Den restlichen Teig in Größe der Springform rund ausrollen, mit einem Teigrädchen Streifen ausradeln und diese gitterförmig auf den Apfelmusbelag legen.

6. Zum Bestreichen und Bestreuen die Teigstreifen mit verschlagener Eigelbmilch bestreichen und mit Hagelzucker bestreuen. Den Teig nochmals zugedeckt etwa 20 Minuten gehen lassen.

7. In der Zwischenzeit den Backofen vorheizen.
Ober-/Unterhitze: etwa 200 °C
Heißluft: etwa 180 °C

8. Die Form auf dem Rost in den vorgeheizten Backofen schieben. Den Kuchen **15–20 Minuten backen.**

9. Die Form auf einen Kuchenrost stellen. Den Apfelkuchen kurz abkühlen lassen, dann aus der Form lösen und auf eine Tortenplatte legen.

TIPPS:

Das Apfelmus darf nicht zu flüssig, ggf. etwas abtropfen lassen. Hefeteig lässt sich auch hervorragend auf kaltem Wege zubereiten, d. h. alle Zutaten werden kalt verarbeitet und der Teig über Nacht (mindestens 6 Stunden) zugedeckt in den Kühlschrank gelegt. Den Hefeteig am nächsten Tag wie im Rezept beschrieben weiterverarbeiten.

RÖGGELCHEN

Köln, Rheinland

Zubereitungszeit: 45 Minuten, ohne Abkühlzeit
Reifezeit: 16–18 Stunden
Teiggeh-/Ruhezeit: 120–140 Minuten
Backzeit: etwa 20 Minuten

ZUTATEN FÜR 7–8 DOPPELBRÖTCHEN

FÜR DEN ROGGEN-VORTEIG ZUM VORBEREITEN:

150 ml Wasser
110 g sehr feiner Roggenvollkornschrot
10 g Roggen-Sauerteigextrakt-Pulver (aus dem Tütchen)

FÜR DEN HEFETEIG:

450 g Weizenmehl (Type 550)
11 g Salz
evtl. 3 g (1 leicht geh. TL) Backmalz-Pulver (enzymaktiv, z. B. in gut sortierten Lebensmittelmärkten oder Backshops erhältlich)
10 g frische Hefe
225 ml Wasser
1 Eigelb (Größe M)
10 g sehr weiche Butter

NACH BELIEBEN ZUSÄTZLICH ZUM BESTREICHEN:

1 leicht geh. TL (5 g) Speisestärke
120 ml Wasser

PRO STÜCK:

E: 9 g, F: 3 g, Kh: 57 g, kcal: 306

1. Zum Vorbereiten Wasser, Roggenvollkornschrot und Sauerteigextrakt glatt verrühren und zugedeckt bei Zimmertemperatur (etwa 24 °C) mindestens 16 bis zu 18 Stunden reifen lassen.

2. Für den Hauptteig Mehl, Salz und nach Belieben Backmalz-Pulver in die Rührschüssel einer Küchenmaschine geben. Hefe und Wasser verrühren, bis die Hefe ganz gelöst ist. Eigelb, Butter und Roggen-Vorteig in die Rührschüssel geben. Unter Kneten auf niedrigster Geschwindigkeitsstufe das Hefewasser zugießen und alles 8 Minuten zu einem glatten Teig verkneten. Dann weitere 3 Minuten auf mittlerer Geschwindigkeitsstufe zu einem elastischen, homogenen Teig kneten.

3. Den Teig auf einer bemehlten Arbeitsfläche nochmals so lange kneten, bis er nicht mehr klebt, dann zu einer Kugel formen. Anschließend in eine mit Mehl ausgestäubte Schüssel geben, mit Mehl bestäuben und zugedeckt bei Zimmertemperatur (24–26 °C) etwa 60 Minuten gehen lassen.

4. Während der Teiggehzeit jeweils nach etwa 20 Minuten den Teig aus der Schüssel nehmen und auf der leicht bemehlten Arbeitsfläche nochmals gut durchkneten, wieder zu einer Kugel formen, zurück in die Schüssel geben und zugedeckt weiter gehen lassen.

5. Nach Belieben in der Zwischenzeit zum Bestreichen Speisestärke in einem kleinen Topf hellbraun anrösten, in eine kleine Schüssel geben, abkühlen lassen und 30 ml kaltes Wasser unterrühren. Restliches Wasser zum Kochen bringen, die angerührte Speisestärke unterrühren und unter Rühren kurz aufkochen lassen, erkalten lassen.

6. Nach etwa 60 Minuten Teiggehzeit den Teig auf eine gut bemehlte Arbeitsfläche geben, in 14–16 Teiglinge (je etwa 75 g) teilen. Teiglinge zunächst rund rollen, dann zu 10–12 cm länglichen Teiglingen formen. Jeweils 2 Teiglinge mit den Längsseiten aneinanderlegen und auf einem Backblech (mit Backpapier belegt) verteilen. Teiglinge nach Belieben dünn mit der Speisestärkemischung bestreichen. Oberfläche etwas antrocknen lassen. Ganz fein mit Mehl bestäuben, damit sie nicht an der Frischhaltefolie kleben.

7. Teiglinge mit Frischhaltefolie und einem sauberen Geschirrtuch bedeckt bei Zimmertemperatur 60–80 Minuten gehen lassen, bis sie sich sichtbar vergrößert haben.

8. Den Backofen vorheizen.
Ober-/Unterhitze: etwa 250 °C
Heißluft: etwa 230 °C

9. Die Teiglinge direkt vor dem Backen nochmals dünn mit der Speisestärkemischung bestreichen. Das Backblech in den vorgeheizten Backofen schieben. Sofort mit einer Wasser-Spritzflasche die Wände des Backofens mit etwas kaltem Wasser besprühen, die Backofentür rasch schließen.

10. Die Backofentemperatur sofort herunterschalten.
Ober-/Unterhitze: etwa 230 °C
Heißluft: etwa 210 °C

11. Die Röggelchen in **etwa 20 Minuten goldbraun backen.**

12. Etwa 5 Minuten vor Ende der Backzeit die Backofentür einmal komplett öffnen (Vorsicht, heißer Dampf) und die Feuchtigkeit aus dem Backofen entweichen lassen. Dann den Backofen auf Heißluft schalten und die Brötchen goldbraun fertig backen.

13. Die Röggelchen mit dem Backpapier vom Backblech auf einen Kuchenrost ziehen und erkalten lassen.

TIPP:

Traditionell werden die halben Röggelchen mit Butter bestrichen, mit mittelaltem Gouda belegt, mit saurer Gurke, Senf, wahlweise mit Zwiebel und 1 Prise Paprikapulver gewürzt. So werden sie als Halver Hahn zum Kölsch gegessen.

ROSENKUCHEN

Bayern
- Zubereitungszeit: 60 Minuten, ohne Abkühlzeit
  Teiggeh-/Ruhezeit: etwa 50 Minuten
  Backzeit: etwa 45 Minuten
- ▲ Mit Alkohol

ZUTATEN FÜR 10 STÜCKE

FÜR DEN HEFETEIG:

150 ml Milch (3,5 % Fett)
75 g Butter oder Margarine
300 g Weizenmehl
1 Pck. Trockenbackhefe
50 g Zucker
1 Pck. Vanillin-Zucker

FÜR DIE FÜLLUNG:

100 g Marzipan-Rohmasse
50 g Butter (zimmerwarm)
1 Eigelb (Größe M)
½ Fläschchen Rum-Aroma (aus dem Röhrchen)
125 g Rosinen
50 g gehackte Haselnusskerne
25 g fein gehacktes Zitronat (Sukkade)

ZUM BESTREICHEN UND FÜR DEN GUSS:

1 Eigelb (Größe M)
1 EL Milch
80 g Puderzucker
2–3 EL Zitronensaft

PRO STÜCK:

E: 7 g, F: 16 g, Kh: 44 g, kcal: 358

1. Für den Teig Milch leicht erwärmen und Butter oder Margarine darin zerlassen. Mehl in einer Rührschüssel sorgfältig mit der Trockenbackhefe vermischen. Zucker, Vanillin-Zucker, 1 Prise Salz und die warme Milch-Fett-Mischung hinzufügen.

2. Die Zutaten mit einem Mixer (Knethaken) zunächst kurz auf niedrigster, dann auf höchster Stufe in etwa 5 Minuten zu einem glatten Teig verarbeiten. Den Teig zugedeckt so lange an einem warmen Ort gehen lassen, bis er sich sichtbar vergrößert hat, etwa 30 Minuten.

3. Für die Füllung in der Zwischenzeit Marzipan in kleine Stücke schneiden, mit Butter, Eigelb und Aroma zu einer geschmeidigen Masse verrühren. Rosinen mit Haselnusskernen und Zitronat mischen.

4. Den Teig auf der bemehlten Arbeitsfläche nochmals gut durchkneten und zu einem Rechteck (etwa 30 x 40 cm) ausrollen. Teigrechteck mit der Marzipanmasse bestreichen, mit der Rosinen-Haselnuss-Zitronat-Mischung bestreuen und die Mischung leicht andrücken.

5. Den Teig von der kürzeren Seite aus aufrollen. Die Rolle in 10 etwa 3 cm breite Scheiben schneiden und mit der Schnittfläche nach oben in eine Springform (Ø 26 cm, Boden gefettet, mit Backpapier belegt) legen. Dazu zuerst den Rand und dann die Mitte belegen. Den Teig zugedeckt nochmals so lange an einem warmen Ort gehen lassen, bis er sich sichtbar vergrößert hat, etwa 20 Minuten.

6. In der Zwischenzeit den Backofen vorheizen.
Ober-/Unterhitze: etwa 180 °C
Heißluft: etwa 160 °C

7. Zum Bestreichen Eigelb und Milch verschlagen. Die Teigoberfläche damit bestreichen. Die Form auf dem Rost in den vorgeheizten Backofen schieben. Den Kuchen **etwa 45 Minuten backen.**

8. Die Form auf einen Kuchenrost stellen.

9. Für den Guss Puderzucker mit Zitronensaft zu einer dickflüssigen Masse verrühren. Das Gebäck sofort nach dem Backen damit bestreichen und den Kuchen erkalten lassen.

ROTHENBURGER SCHNEEBALLEN

Franken

Zubereitungszeit: 35 Minuten, ohne Abkühlzeit
Backzeit: etwa 5 Minuten je Stück

ZUTATEN FÜR 18 STÜCK

FÜR DEN TEIG:

350 g Weizenmehl
1 TL Zucker
150 g Crème fraîche
1 Ei (Größe M)
1 Eigelb (Größe M)
100 g Butter

ZUM BESTÄUBEN:

etwas Puderzucker

ZUM AUSBACKEN:

etwa 1 l neutrales Speiseöl

PRO STÜCK:

E: 3 g, F: 8 g, Kh: 14 g, kcal: 141

1. Für den Teig Mehl, Zucker und 1 Prise Salz in einer Rührschüssel mischen. Crème fraîche, Ei, Eigelb und Butter hinzufügen. Die Zutaten mit einem Mixer (Knethaken) kurz verkneten, dann auf der bemehlten Arbeitsfläche zu einem glatten Teig verkneten und in 18 Portionen teilen.

2. Das Speiseöl auf etwa 175 °C erhitzen. 1 Portion Teig zu einer runden Platte (Ø etwa 15 cm) ausrollen, mit einem Messer oder Pizzaroller in etwa 1 ½ cm breiten Abständen einschneiden, dabei rundherum einen 1 cm breiten Rand stehen lassen.

3. Mit einem Kochlöffelstiel jeden zweiten Teigstreifen anheben und auf den Stiel heben, dann die Streifen und die Kanten vorsichtig abstreifen und vorsichtig miteinander verdrehen, sodass eine Kugel entsteht.

4. Die Kugel in einen kleinen Frittierkorb für Schneeballen legen und goldbraun ausbacken. (Es funktioniert auch mit zwei Frittierkörbchen für Gemüsefondue.)

5. Den restlichen Teig auf die gleiche Weise verarbeiten. Die Schneeballen auf einem Kuchenrost abtropfen und erkalten lassen. Anschließend mit Puderzucker bestäuben.

TIPPS:

Es ist gut, wenn Sie sich beim Zubereiten helfen lassen. Einer bereitet die Kugeln zu und der zweite backt sie aus. Die Schneeballen können in gut schließenden Blechdosen 1–2 Wochen an einem kühlen, trockenen Ort aufbewahrt werden.

S

SAARLÄNDISCHER APFELKUCHEN

Saarland

Zubereitungszeit: 30 Minuten, ohne Auftau- und Abkühlzeit
Backzeit: etwa 25 Minuten

ZUTATEN FÜR 12 STÜCKE

225 g TK-Blätterteig (5 quadratische Platten)

FÜR DEN BELAG:

500 g Äpfel, z. B. Boskop
2 EL Zucker
½ TL Vanillin-Zucker
50 g gehobelte Mandeln

ZUM BESTREICHEN:

150 g Aprikosenkonfitüre
1 EL Wasser

PRO STÜCK:

E: 2 g, F: 7 g, Kh: 22 g, kcal: 160

1. Blätterteigplatten nach Packungsanleitung auftauen lassen.

2. Die Teigplatten aufeinanderlegen, auf der leicht bemehlten Arbeitsfläche ausrollen und eine runde Platte (Ø etwa 30 cm) ausschneiden.

3. Die Teigplatte auf den Boden einer Springform (Ø 26 cm, gefettet) legen und am Formrand etwas hochziehen. Blätterteig etwa 10 Minuten ruhen lassen, dabei zieht sich der Teig etwas zusammen.

4. Den Backofen vorheizen.
Ober-/Unterhitze: etwa 200 °C
Heißluft: etwa 180 °C

5. Für den Belag in der Zwischenzeit die Äpfel schälen, vierteln und entkernen. Die Apfelviertel der Länge nach in dünne Scheiben schneiden.

6. Den Teigboden mehrmals mit einer Gabel einstechen. Die Apfelscheiben auf dem Teigboden verteilen. Zucker mit Vanillin-Zucker und Mandeln mischen und gleichmäßig auf die Apfelscheiben streuen.

7. Die Form auf dem Rost in den vorgeheizten Backofen schieben. Kuchen **etwa 25 Minuten backen.**

8. Die Form auf einen Kuchenrost stellen. Den Kuchen etwa 10 Minuten in der Form stehen lassen, dann aus der Form lösen, auf den Kuchenrost legen und etwas abkühlen lassen.

9. Zum Bestreichen Konfitüre und Wasser in einem kleinen Topf unter Rühren zum Kochen bringen. Den Kuchen damit bestreichen (stückige Konfitüre nach dem Aufkochen durch ein Sieb streichen). Den Kuchen am besten lauwarm servieren.

TIPPS:

Den Kuchen können Sie auch auf einem Backblech zubereiten. Dafür die Blätterteigplatten einfach zu einem Rechteck oder Quadrat (etwa 30 cm) ausrollen und auf ein Backblech (mit Backpapier belegt) setzen. Rundherum einen etwa 1 ½ cm breiten Teigstreifen abschneiden. Den Teigrand der Teigplatte dünn mit verquirltem Eigelb bestreichen, den abgeschnittenen Teigstreifen rundum wieder auflegen. Dann die Teigplatte wie beschrieben belegen und backen. Beträufeln Sie die Apfelscheibchen nach Belieben vor dem Backen mit etwas braunem Rum. Auch mit vollreifen, aromatischen Birnen belegt, schmeckt der Kuchen köstlich!

SÄCHSISCHER HEIDELBEERKUCHEN

Sachsen

Zubereitungszeit: 60 Minuten, ohne Abkühlzeit
Teiggeh-/Ruhezeit: etwa 45 Minuten
Backzeit: etwa 30 Minuten

ZUTATEN FÜR 20 STÜCKE

FÜR DEN HEFETEIG:

200 ml Milch (3,5 % Fett)
50 g Butter oder Margarine
375 g Weizenmehl
1 Pck. Trockenbackhefe
50 g Zucker
1 Pck. Vanillin-Zucker
1 Ei (Größe M)
2 Eigelb (Größe M)

FÜR DEN BELAG:

1 kg Heidelbeeren
50 g Butter
5 EL Semmelbrösel
100 g Zucker
1 gestr. TL gem. Zimt
50 g Butter

ZUM BESTÄUBEN:

etwas Puderzucker

PRO STÜCK:

E: 4 g, F: 8 g, Kh: 34 g, kcal: 233

1. Für den Teig Milch leicht erwärmen und Butter oder Margarine darin zerlassen. Mehl in einer Rührschüssel mit der Trockenbackhefe sorgfältig vermischen. Zucker, Vanillin-Zucker, Ei, Eigelb und die Milch-Fett-Mischung hinzufügen.

2. Die Zutaten mit einem Mixer (Knethaken) zunächst kurz auf niedrigster, dann auf höchster Stufe in etwa 5 Minuten zu einem glatten Teig verarbeiten. Den Teig zugedeckt so lange an einem warmen Ort gehen lassen, bis er sich sichtbar vergrößert hat, etwa 30 Minuten.

3. Den gegangenen Teig aus der Schüssel nehmen, auf der leicht bemehlten Arbeitsfläche nochmals gut durchkneten und auf einem Backblech (30 x 40 cm, gefettet) ausrollen.

4. Für den Belag die Heidelbeeren verlesen, evtl. kurz abspülen und gut abtropfen lassen. Butter zerlassen und den Teig damit bestreichen. Den Teig mit 3 Esslöffeln Semmelbröseln bestreuen und die Heidelbeeren gleichmäßig darauf verteilen.

5. Zucker mit Zimt mischen und über die Heidelbeeren streuen. Butter in Flöckchen darauf verteilen und die restlichen Semmelbrösel darüberstreuen.

6. Den Teig nochmals zugedeckt etwa 15 Minuten gehen lassen.

7. In der Zwischenzeit den Backofen vorheizen.
Ober-/Unterhitze: etwa 200 °C
Heißluft: etwa 180 °C

8. Das Backblech in den vorgeheizten Backofen schieben. Den Kuchen **etwa 30 Minuten backen.**

9. Das Backblech auf einen Kuchenrost stellen und den Kuchen erkalten lassen. Den Kuchen vor dem Servieren mit Puderzucker bestäuben.

SÄCHSISCHER KIRMESKUCHEN

Sachsen

Zubereitungszeit: 30 Minuten, ohne Abkühlzeit
Teiggeh-/Ruhezeit: etwa 50 Minuten
Backzeit: 25–30 Minuten

ZUTATEN FÜR 20 STÜCKE

FÜR DEN HEFETEIG:

50 g Butter oder Margarine
250 g Weizenmehl
1 Pck. Trockenbackhefe
25 g Zucker
1 Pck. Vanillin-Zucker
1 Prise Salz
1 Ei (Größe M)
100 ml lauwarme Milch (3,5 % Fett)

FÜR DEN QUARKBELAG:

500 g Magerquark
150 g Crème fraîche
100 g Zucker
1 gestr. EL Speisestärke
50 g Butter oder Margarine (zimmerwarm)
2 Eier (Größe M)
50 g Rosinen
1 Pck. Finesse Ger. Zitronenschale

FÜR DIE STREUSEL:

150 g Weizenmehl
75 g Zucker
1 Pck. Vanillin-Zucker
75 g Butter (zimmerwarm)

PRO STÜCK:

E: 7 g, F: 11 g, Kh: 29 g, kcal: 249

1. Für den Hefeteig Butter oder Margarine zerlassen und abkühlen lassen.

2. Das Mehl in eine Rührschüssel geben und mit der Trockenbackhefe sorgfältig vermischen. Die restlichen Zutaten hinzufügen. Die Zutaten mit einem Mixer (Knethaken) zunächst kurz auf niedrigster, dann auf höchster Stufe in etwa 5 Minuten zu einem glatten Teig verarbeiten.

3. Den Teig zugedeckt so lange an einem warmen Ort gehen lassen, bis er sich sichtbar vergrößert hat, etwa 30 Minuten.

4. Den gegangenen Teig leicht mit Mehl bestäuben, aus der Schüssel nehmen und auf einer leicht bemehlten Arbeitsfläche nochmals kurz durchkneten. Den Teig auf einem Backblech (30 x 40 cm, gefettet) ausrollen. Einen Backrahmen darumstellen.

5. Für den Belag Quark mit Crème fraîche, Zucker, Speisestärke, Butter oder Margarine, Eiern, Rosinen und Zitronenschale verrühren. Die Quarkmasse auf den Teig geben und vorsichtig glatt streichen.

6. Für die Streusel Mehl in eine Rührschüssel geben, mit Zucker und Vanillin-Zucker mischen. Butter hinzufügen.

7. Die Zutaten mit einem Mixer (Rührstäbe) zunächst kurz auf niedrigster, dann auf höchster Stufe zu Streuseln von gewünschter Größe verarbeiten.

8. Die Streusel gleichmäßig auf der Quarkmasse verteilen.

9. Den Teig zugedeckt nochmals so lange an einem warmen Ort gehen lassen, bis er sich sichtbar vergrößert hat, etwa 20 Minuten.

10. In der Zwischenzeit den Backofen vorheizen.
Ober-/Unterhitze: etwa 180 °C
Heißluft: etwa 160 °C

11. Das Backblech in den vorgeheizten Backofen schieben. Den Kuchen **25–30 Minuten backen.**

14. Das Backblech auf einen Kuchenrost stellen. Den Kuchen darauf erkalten lassen. Vor dem Servieren den Backrahmen vorsichtig lösen und entfernen. Kuchen in Stücke schneiden.

TIPP:

Kirmes- oder Kirchweihkuchen sind ein typisches Brauchtumsgebäck, das in den verschiedenen Regionen Deutschlands nach unterschiedlichen Rezepten gebacken wird.

SANDDORN-TORTE

Mecklenburg
◷ Zubereitungszeit: 110 Minuten, ohne Kühlzeit
Backzeit: 51–55 Minuten

ZUTATEN FÜR 16 STÜCKE

FÜR DEN KNETTEIGBODEN UND DIE STREUSEL:

250 g Weizenmehl
½ gestr. TL Backpulver
70 g Zucker
1 Pck. Vanillin-Zucker
125 g kalte Butter
1 Ei (Größe M)

FÜR DEN BISKUITTEIG:

2 Eier (Größe M)
60 g Zucker
50 g Weizenmehl

FÜR DIE FÜLLUNG:

12 Blatt weiße Gelatine
225 g Sanddorn-Fruchtaufstrich oder Sanddorn-Konfitüre extra (aus dem Glas)
500 g Sahnejoghurt
abger. Schale und Saft von 1 Bio-Zitrone (unbehandelt, ungewachst)
2 Pck. Vanillin-Zucker
3 EL Zucker (nach Geschmack)
300 g Schlagsahne (mind. 30 % Fett)

FÜR DEN FRUCHTSPIEGEL:

3–4 Blatt weiße Gelatine
50 ml Sanddornsaft (100 % Muttersaft)
150 ml Aprikosen-Nektar
evtl. 20 g Zucker

ZUSÄTZLICH:

30 g weiße Schokolade oder Kokosraspel

PRO STÜCK:

E: 7 g, F: 17 g, Kh: 40 g, kcal: 342

1. Für den Knetteigboden und die Streusel Mehl mit Backpulver in einer Rührschüssel mischen. Zucker, Vanillin-Zucker und 1 Prise Salz untermischen. Butter in Flöckchen und Ei hinzufügen. Die Zutaten mit einem Mixer (Rührstäbe) zunächst kurz auf niedrigster, dann auf höchster Stufe gut durcharbeiten. Anschließend gut die Hälfte des Teiges für den Knetteigboden auf einer leicht bemehlten Arbeitsfläche kurz zu einem glatten Teig verkneten. Den Teig zu einer flachen Scheibe formen, in Frischhaltefolie wickeln und etwa 30 Minuten in den Kühlschrank legen.

2. Restlichen Teig mit dem Mixer (Rührstäbe) zu groben Streuseln von gewünschter Größe verarbeiten. Teigstreusel ebenfalls in Frischhaltefolie gewickelt etwa 30 Minuten in den Kühlschrank legen.

3. Den Backofen vorheizen.
Ober-/Unterhitze: etwa 200 °C
Heißluft: etwa 180 °C

4. Den Teig für den Knetteigboden auf einer leicht bemehlten Arbeitsfläche zu einer runden Platte (Ø etwa 26 cm) ausrollen, einen Springformboden (Ø 26 cm) darauflegen und rund ausschneiden. Boden mit einer Gabel mehrmals einstechen. Mithilfe eines Kuchenretters auf ein Backblech (mit Backpapier belegt) setzen.

5. Den Knetteigboden im vorgeheizten Backofen **in 18–20 Minuten goldbraun backen.**

6. Den Knetteigboden mit dem Backpapier vom Backblech auf einen Kuchenrost ziehen und erkalten lassen.

7. Die Teigstreusel auf einem Backblech (mit Backpapier belegt) mittig verteilen. Streusel im heißen Backofen **bei gleicher Backofentemperatur in etwa 18 Minuten knusprig goldbraun backen.** Nach etwa 12 Minuten Backzeit Streusel einmal wenden. Die Streusel mit dem Backpapier vom Backblech auf einen Kuchenrost ziehen und erkalten lassen.

8. Die Backofentemperatur herunterschalten.
Ober-/Unterhitze: etwa 180 °C
Heißluft: etwa 160 °C

9. Für den Biskuitboden die Eier trennen. Eiweiß mit einem Mixer (Rührstäbe) steif schlagen, dabei nach und nach 1 Prise Salz und Zucker einrieseln lassen. So lange schlagen, bis der Zucker ganz gelöst ist. Eigelb einzeln kurz untermixen. Mehl mit einem Schneebesen klümpchenfrei unterrühren.

10. Den Teig in eine Springform (Ø 26 cm, mit Backpapier belegt) geben und glatt streichen. Die Form auf dem Rost in den vorgeheizten Backofen schieben. Den Biskuitboden **in 15–17 Minuten goldbraun backen.**

11. Die Form auf einen Kuchenrost stellen. Den Biskuitboden in der Form erkalten lassen.

12. Für die Füllung Gelatine nach Packungsanleitung einweichen. Den Knetteigboden auf eine Tortenplatte legen. Einen Tortenring darumstellen. Den Boden mit 1 gehäuften Esslöffel Fruchtaufstrich oder Konfitüre bestreichen. Den Biskuitboden aus der Form lösen, auf den Knetteigboden legen und mit 1 gehäuften Esslöffel Fruchtaufstrich oder Konfitüre bestreichen.

13. Joghurt mit 120 g Fruchtaufstrich oder Konfitüre, Zitronenschale, -saft und Vanillin-Zucker glatt verrühren. Nach Geschmack mit weiteren 2–3 Esslöffeln Zucker süßen.

14. Eingeweichte Gelatine ausdrücken, in einem kleinen Topf bei schwacher Hitze unter Rühren auflösen. Zunächst etwas von der Joghurtcreme unterrühren. Dann angerührte Gelatine unter die restliche Creme schlagen.

15. Sahne steif schlagen. Sobald die Joghurtcreme anfängt zu gelieren, Sahne unterheben. Sanddorncreme auf den Tortenboden geben und glatt streichen. Die Streusel unregelmäßig darauf verteilen. Die Torte in den Kühlschrank stellen.

16. Für den Fruchtsaftspiegel Gelatine nach Packungsanleitung einweichen. Säfte verrühren, nach Belieben mit Zucker nachsüßen. Eingeweichte Gelatine ausdrücken, bei schwacher Hitze unter Rühren auflösen, den Fruchtmix unterrühren. Die Flüssigkeit in den Kühlschrank stellen, bis sie anfängt zu gelieren.

17. Fruchtmix vorsichtig auf der Tortenoberfläche verteilen, sodass die Streusel noch zu sehen sind. Torte zugedeckt mindestens 2 Stunden, evtl. auch über Nacht, in den Kühlschrank stellen und gelieren lassen.

18. Zum Servieren den Tortenring lösen und entfernen. Die Torte auf eine Tortenplatte setzen. Nach Belieben mit Puderzucker und geriebener Schokolade oder Kokosraspeln garnieren.

SCHRIPPEN

Berlin, Norddeutschland
Zubereitungszeit: 50 Minuten
Teiggeh-/Ruhezeit: etwa 80 Minuten
Backzeit: etwa 20 Minuten

ZUTATEN FÜR 8–10 STÜCK

500 g Weizenmehl (Type 550)
15 g frische Hefe
300 ml lauwarmes Wasser
1 TL (5 g) Zucker
1 leicht geh. TL (8 g) Salz

ZUSÄTZLICH:

etwas Weizenmehl

PRO STÜCK:

E: 7 g, F: 1 g, Kh: 46 g, kcal: 224

1. Hefe, Zucker und 300 ml lauwarmes Wasser in der Rührschüssel einer stabilen Küchenmaschine mischen, bis sich Hefe und Zucker gelöst haben. Dann nach und nach auf niedrigster Stufe mit Knethaken das Mehl unterarbeiten und alles (Teig ist zunächst sehr fest!) etwa 5 Minuten vorsichtig durchkneten. Das Salz einstreuen und alles weitere etwa 10 Minuten auf maximal mittlerer Stufe glatt und geschmeidig kneten.

2. Den Teig zu einer Kugel formen und in eine leicht mit Mehl bestäubte Schüssel geben. Zugedeckt bei Zimmertemperatur etwa 15 Minuten gehen lassen. Dann den Teig kurz durchkneten, wieder zu einer Kugel formen und zugedeckt nochmals etwa 15 Minuten gehen lassen. Anschließend den Teig wieder kurz durchkneten und weitere etwa 15 Minuten gehen lassen, zu einer Kugel formen.

3. Die Teigkugel auf eine bemehlte Arbeitsfläche geben und mit einer Teigkarte in 8–10 gleich große Portionen (80–100 g) teilen. Die Teigportionen mit leicht bemehlten Händen zunächst rund rollen, dann jeweils zu länglich-spitz zulaufende Enden formen.

4. Die Schrippen auf einem Backblech (mit Backpapier belegt) verteilen und zugedeckt nochmals an einem warmen Ort weitere etwa 35 Minuten gehen lassen, bis die Teiglinge sich um ein Drittel vergrößert haben.

5. Nach etwa 30 Minuten Teiggehzeit die Teiglinge mit einem scharfem Messer, einer Rasierklinge oder einem sauberen Cuttermesser längs etwa 1 cm tief einschneiden.

6. Den Backofen in der Zwischenzeit vorheizen.
Ober-/Unterhitze: etwa 230 °C
Heißluft: etwa 210 °C

7. Mit einer Wasser-Sprühflasche die Schrippen besprühen, sodass die Oberfläche fein benetzt ist. Dann das Backblech in den vorgeheizten Backofen (unterste Schiene) schieben.

8. Mit der Sprühflasche rasch die Seitenwände des Backofens mit etwas Wasser besprühen, Backofentür zügig schließen. Die Schrippen **in etwa 20 Minuten goldbraun und knusprig backen.**

9. Die Schrippen mit dem Backpapier vom Backblech auf einen Kuchenrost ziehen. Schrippen erkalten lassen.

SCHUSTERJUNGEN

Berlin, Brandenburg

Zubereitungszeit: 45 Minuten, ohne Abkühlzeit
Teiggeh-/Ruhezeit: etwa 40 Minuten
Backzeit: 20–25 Minuten

ZUTATEN FÜR 12 STÜCK

350 g Roggenmehl (Type 1050)
150 g Weizenmehl (Type 550)
1 Pck. Trockenbackhefe
1 gestr. TL Salz
etwa 375 ml lauwarmes Wasser

ZUSÄTZLICH:

etwas Weizenmehl

PRO STÜCK:

E: 63 g, F: 8 g, Kh: 354 g, kcal: 1845

1. Mehl in eine Rührschüssel geben, mit der Trockenbackhefe sorgfältig vermischen. Salz und Wasser hinzufügen. Die Zutaten mit einem Mixer (Knethaken) zunächst kurz auf niedrigster, dann auf höchster Stufe in etwa 5 Minuten zu einem glatten Teig verarbeiten.

2. Den Teig leicht mit Mehl bestäuben und zugedeckt so lange an einem warmen Ort gehen lassen, bis er sich sichtbar vergrößert hat, etwa 20 Minuten.

3. Den gegangenen Teig leicht mit Mehl bestäuben, aus der Schüssel nehmen und auf der leicht bemehlten Arbeitsfläche nochmals kurz durchkneten. Den Teig in 12 Portionen teilen und jeweils zu einer Kugel formen.

4. Teigkugeln auf ein Backblech (mit Backpapier belegt) legen. Nochmals zugedeckt so lange an einem warmen Ort gehen lassen, bis sie sich sichtbar vergrößert haben, etwa 20 Minuten.

5. In der Zwischenzeit den Backofen vorheizen.
Ober-/Unterhitze: etwa 200 °C
Heißluft: etwa 180 °C

6. Teigkugeln mit Wasser bestreichen und mit Mehl bestäuben. Das Backblech in den vorgeheizten Backofen schieben. Schusterjungen **20–25 Minuten backen.**

7. Die Schusterjungen mit dem Backpapier vom Backblech auf einen Kuchenrost ziehen und erkalten lassen.

TIPPS:

Original haben die Schusterjungen eine eher eckige Form. Sie können die Brötchen vor dem Backen mit Anis- oder Kümmelsamen bestreuen. Schusterjungen werden traditionell mit Schmalz und Harzer Käse oder mit Hackepeter serviert. Frisch gebacken und knapp ausgekühlt lassen sich die Brötchen gut einfrieren und etwa 2 Monate im Gefrierschrank lagern.

SCHWÄBISCHE BROTTORTE

Schwaben

◔ Zubereitungszeit: 50 Minuten, ohne Abkühlzeit
Backzeit: etwa 60 Minuten
Durchziehzeit: mind. 2 Tage
▲ Mit Alkohol

ZUTATEN FÜR 16 STÜCKE

FÜR DEN TEIG:

125 g feines Schwarz- oder Graubrot
2 EL Rum
4 Eigelb (Größe M)
2 Eier (Größe M)
200 g Zucker
125 g abgezogene, gem. Mandeln
60 g gehacktes Zitronat (Sukkade)
50 g Korinthen
1 TL gem. Zimt
1 Msp. gem. Macis (Muskatblüte)
1 Msp. gem. Gewürznelken
etwas abger. Schale von 1 Bio-Zitrone (unbehandelt, ungewachst)
4 Eiweiß (Größe M)

ZUM BETRÄUFELN:

50 ml trockener Rotwein
1 EL Zucker

2 EL Johannisbeergelee

FÜR DEN ZUCKERGUSS:

150 g Puderzucker
1 EL Rum
etwa 2 EL heißes Wasser

PRO STÜCK:

E: 5 g, F: 6 g, Kh: 33 g, kcal: 220

1. Für den Teig das Brot fein zerbröseln (oder in einem Blitzhacker fein zerkleinern) und in einer Pfanne ohne Fett unter ständigem Rühren rösten. Die Brotbrösel auf einen Teller geben und mit Rum beträufeln.

2. Den Backofen vorheizen.
Ober-/Unterhitze: etwa 160 °C
Heißluft: etwa 140 °C

3. Eigelb, Eier und Zucker mit einem Mixer (Rührstäbe) auf höchster Stufe in 2–3 Minuten sehr schaumig schlagen. Mandeln, Zitronat, Korinthen, Gewürze und die Brotbrösel unterrühren. Eiweiß steif schlagen und vorsichtig unter den Teig heben.

4. Den Teig in eine Springform (Ø 26 cm, mit Backpapier belegt) geben und glatt streichen. Die Form auf dem Rost in den vorgeheizten Backofen schieben. Die Brottorte **etwa 60 Minuten backen.** Die Form auf einen Kuchenrost setzen, Boden etwa 30 Minuten abkühlen lassen.

5. Dann den Boden aus der Form lösen, mitgebackenes Backpapier entfernen. Zum Beträufeln Rotwein und Zucker erwärmen. Den Boden mit der Rotweinmischung beträufeln. Brottorte erkalten lassen.

6. Gelee in einem Topf erwärmen und glatt rühren. Die Brottorte dünn mit dem Gelee bestreichen.

7. Für den Guss Puderzucker mit Rum und heißem Wasser zu einem glatten Guss verrühren, die Torte damit überziehen. Die Torte sollte mindestens zwei Tage gut durchziehen.

SCHWÄBISCHE DINETTE

Schwaben

Zubereitungszeit: 80 Minuten
Teiggeh-/Ruhezeit:
über Nacht + etwa 3 Stunden
Backzeit: 8–10 Minuten

ZUTATEN FÜR 6–8 STÜCK

etwa 300 ml Wasser
15 g frische Hefe
1 TL flüssiger Honig oder Zuckerrübensirup
250 g dunkles Weizenmehl
(Type 1150 oder Ruchmehl)
250 g Weizenmehl (Type 550)
1 ½ TL (10 g) Salz

FÜR DEN BELAG:

2 Frühlingszwiebeln
1 Ei (Größe M)
150 g saure Sahne
1 EL Weizenmehl
Salz, gem. Pfeffer
1 Knoblauchzehe

EVTL. ZUSÄTZLICH FÜR DEN BELAG:

100 g ger. Bergkäse
etwa 125 g fein gewürfelter Speck
5–8 TL klein geschnittene Kräuter,
z. B. Petersilie und Thymian

PRO STÜCK:

E: 19 g, F: 25 g, Kh: 62 g, kcal: 558

1. Am Vortag 100 ml lauwarmes Wasser mit etwas Hefe (etwa ein würfelgroßes Stück) und Honig oder Rübensirup verrühren. 100 g dunkles Weizenmehl unterrühren. Mit Frischhaltefolie bedeckt bei Zimmertemperatur etwa 1 Stunde ruhen lassen. Dann über Nacht in den Kühlschrank stellen und reifen lassen.

2. Am Zubereitungstag restliche Mehle und Salz in einer Rührschüssel mischen. Restliche zerbröselte Hefe in 200 ml kaltem Wasser lösen und mit dem Hefe-Vorteig hinzugeben. Die Zutaten mit einem Mixer (Knethaken) etwa 10 Minuten auf niedrigster Stufe glatt verkneten. Dann weitere etwa 2 Minuten auf mittlerer Stufe durchkneten. Den Teig mit Frischhaltefolie belegt bei Zimmertemperatur etwa 2 Stunden gehen lassen.

3. Den gegangenen Teig mithilfe einer Teigkarte aus der Schüssel auf eine gut bemehlte Arbeitsfläche geben. Mit der Teigkarte in 6–8 gleich große Teigportionen teilen. Die Teigportionen jeweils mit den Händen vorsichtig zu länglich-dünnen Fladen (20–25 cm lang) ausziehen, dabei die enthaltene Luft möglichst im Teig belassen.

4. Die Teigfladen auf einem bemehlten Stück Backpapier verteilen, mit Frischhaltefolie belegt ruhen lassen.

5. In der Zwischenzeit den Backofen vorheizen und ein Backblech (idealerweise mit Backstein) miterhitzen.
Ober-/Unterhitze: mind. 250 °C bis maximale Temperatur 280/300 °C

6. Für den Belag Frühlingszwiebeln putzen, abspülen, trocken tupfen und fein schneiden. Ei mit saurer Sahne, Mehl, etwas Salz und Pfeffer verrühren. Knoblauch abziehen, durch eine Knoblauchpresse drücken und hinzugeben. Die Zutaten glatt verrühren. Die Creme auf den Fladen verstreichen. Mit Frühlingszwiebelstückchen bestreuen. Nach Belieben zusätzlich geriebenen Käse und/oder Speckwürfel daraufstreuen.

7. Die Fladen portionsweise z. B. mithilfe eines bemehlten Backschiebers auf den heißen Backstein bzw. auf das Backblech schieben. Die Fladen **in 8–10 Minuten goldgelb backen.**

8. Die Fladen auf einen Kuchenrost setzen. Noch ofenwarm oder abgekühlt, nach Belieben mit Kräutern bestreut servieren.

SCHWÄBISCHE SEELEN

Schwaben

Zubereitungszeit: 30 Minuten, ohne Abkühlzeit
Teiggeh-/Reifezeit: über Nacht
Backzeit: etwa 15 Minuten

ZUTATEN FÜR 6 STÜCK

knapp 300 ml kaltes Wasser
400 g Dinkelmehl (Type 630)
1 ½ TL (10 g) Salz
25 g flüssiger Sauerteig (Fertig-Sauerteig, Beutel)
ein etwa würfelgroßes Stück (5 g) frische Hefe
10 g sehr weiche Butter oder Olivenöl

ZUSÄTZLICH:

etwa 2 EL Kümmelsamen
evtl. grobes Salz

PRO STÜCK:

E: 9 g, F: 2 g, Kh: 47 g, kcal: 275

1. Am Vortag 75 ml Wasser mit 1 gestrichenen Esslöffel (etwa 15 g) Mehl und Salz in einem kleinen Topf mischen und aufkochen, bis die Masse eindickt. In eine Schüssel füllen und mit Frischhaltefolie belegt erkalten lassen.

2. Den Sauerteig im Beutel verkneten. Hefe in 175 ml kaltem Wasser auflösen. Restliches Mehl, 25 g Sauerteig, weiche Butter oder Olivenöl und den vorbereiten Dinkelbrei in die Rührschüssel einer Küchenmaschine geben. Unter Kneten bei niedrigster Stufe nach und nach das Hefewasser hinzugießen und alles etwa 2 Minuten glatt verkneten. Dann weitere etwa 125 ml kaltes Wasser nach und nach unterkneten und etwa 3 Minuten auf mittlerer Stufe weiterkneten, bis ein sehr weicher Teig entstanden ist.

3. Den Teig mit Frischhaltefolie belegt über Nacht in den Kühlschrank stellen, reifen und auf etwa doppelte Größe aufgehen lassen.

4. Am Zubereitungstag den Backofen vorheizen und ein Backblech (idealerweise mit Backstein) miterhitzen.
Ober-Unterhitze: mind. 250 °C
Heißluft: nicht geeignet

5. Eine Arbeitsfläche leicht mit Wasser anfeuchten. Den weichen Teig mithilfe einer Teigkarte vorsichtig aus der Schüssel direkt auf die Arbeitsfläche gleiten lassen (nicht kneten, da enthaltene Luft im Teig bleiben soll!). Mit Kümmel bestreuen.

6. Mithilfe der angefeuchteten Teigkarte jeweils etwa 5 cm breite und 20 cm lange Teigstücke abstechen. Den sehr weichen Teig mit jeweils etwas Abstand zueinander auf einem Stück Backpapier (in Größe des Backblechs) verteilen. Nach Belieben mit Salz bestreuen.

7. Die Teigstücke mithilfe eines Backschiebers mit dem Backpapier sofort vorsichtig auf das heiße Backblech oder den Backstein ziehen.

8. Mit einem Wasser-Sprüher die Backofenwände mit Wasser besprühen, Backofentür rasch schließen.

9. Die Teiglinge im vorgeheizten Backofen **in etwa 15 Minuten goldbraun backen.**

10. Die schwäbischen Seelen auf einen Kuchenrost setzen und abkühlen lassen.

SCHWARZWÄLDER KIRSCHTORTE

Schwarzwald, Baden

◷ Zubereitungszeit: 75 Minuten, ohne Kühlzeit
Backzeit: etwa 40 Minuten

▲ Mit Alkohol

ZUTATEN FÜR 12 STÜCKE

FÜR DEN BISKUITTEIG:

3 Eier (Größe M)
100 g Zucker
1 Pck. Vanillin-Zucker
80 g Weizenmehl
1 gestr. TL Backpulver
25 g Speisestärke
10 g gesiebtes Kakaopulver
gut 1 Msp. gem. Zimt

FÜR DEN KNETTEIG:

125 g Weizenmehl
10 g gesiebtes Kakaopulver
1 Msp. Backpulver
50 g Zucker
1 Pck. Vanillin-Zucker
1 Ei (Größe M)
50 g Butter oder Margarine (zimmerwarm)

FÜR DIE FÜLLUNG:

350 g abgetropfte Sauerkirschen (aus dem Glas)
250 ml Sauerkirschsaft (aus dem Glas)
30 g Speisestärke
etwa 25 g Zucker
etwa 3 EL Kirschwasser
1 Pck. gem. Gelatine, weiß
5 EL kaltes Wasser
800 g Schlagsahne (mind. 30 % Fett)
40 g Puderzucker
1 Pck. Vanillin-Zucker

ZUM GARNIEREN:

geschabte Schokoladenlocken oder Raspelschokolade

PRO STÜCK:

E: 7 g, F: 28 g, Kh: 48 g, kcal: 487

1. Den Backofen vorheizen.
Ober-/Unterhitze: etwa 180 °C
Heißluft: etwa 160 °C

2. Für den Biskuitteig Eier in einer Rührschüssel mit dem Mixer (Rührstäbe) auf höchster Stufe in 1 Minute schaumig schlagen. Zucker mit Vanillin-Zucker mischen, unter Rühren in 1 Minute einstreuen, dann noch etwa 2 Minuten schlagen. Mehl mit Backpulver, Speisestärke, Kakao und Zimt mischen, kurz auf niedrigster Stufe unterrühren.

3. Den Teig in einer Springform (Ø 26 cm, gefettet, mit Backpapier belegt) verstreichen. Die Form auf dem Rost in den vorgeheizten Backofen (unteres Drittel) schieben. Den Biskuitboden **etwa 25 Minuten backen.**

4. Den Biskuitboden aus der Form lösen, auf einen mit Backpapier belegten Kuchenrost stürzen und erkalten lassen. Springform säubern, Springformboden fetten.

5. Für den Knetteig Mehl mit Kakao und Backpulver in einer Rührschüssel mischen. Restliche Zutaten für den Teig hinzufügen und mit dem Mixer (Knethaken) zunächst kurz auf niedrigster, dann auf höchster Stufe gut durcharbeiten.

6. Den Teig mit den Händen zu einer Kugel formen, auf dem Springformboden ausrollen, mehrmals mit einer Gabel einstechen. Den Springformrand darumstellen.

7. Die Form auf dem Rost in den heißen Backofen (unteres Drittel) schieben. Den Knetteigboden **bei gleicher Backofentemperatur etwa 15 Minuten backen.**

8. Sofort nach dem Backen den Knetteigboden vom Springformboden lösen, aber darauf auf

einem Kuchenrost erkalten lassen. Von dem Biskuitboden das mitgebackene Backpapier vorsichtig abziehen. Den Biskuitboden einmal waagerecht durchschneiden.

9. Für die Füllung von den Kirschen 250 ml Saft auffangen. Zum Garnieren 12 Kirschen auf Küchenpapier beiseitelegen.

10. Speisestärke mit 25 g Zucker und 4 Esslöffeln von dem Saft anrühren. Restlichen Saft zum Kochen bringen, die angerührte Speisestärke in den von der Kochstelle genommenen Saft einrühren, kurz aufkochen, Kirschen unterrühren und kalt stellen. Mit Kirschwasser und evtl. etwas Zucker abschmecken.

11. Die Gelatine mit dem Wasser in einem kleinen Topf anrühren, 5 Minuten zum Quellen stehen lassen und unter Rühren erwärmen, bis sie gelöst ist. Sahne in 2 Portionen fast steif schlagen. Zuerst etwa 2 Esslöffel der Sahne mit der aufgelösten Gelatine verrühren, dann sofort die Gelatinemasse unter die ganze Sahne schlagen, Sahne steif schlagen. Puderzucker mit Vanillin-Zucker mischen und unterrühren.

12. Den Knetteigboden auf eine Tortenplatte legen. Die Kirschmasse daraufstreichen, dabei 1 cm am Rand frei lassen. Ein Drittel der Sahne daraufstreichen. Unteren Biskuitboden darauflegen, leicht andrücken und mit der Hälfte der restlichen Sahne bestreichen. Oberen Boden darauflegen und leicht andrücken.

13. Drei Esslöffel der Sahne in einen Spritzbeutel mit Sterntülle (Ø 8 mm) füllen und beiseitelegen. Tortenoberfläche und -rand mit der restlichen Sahne bestreichen, mit der Creme aus dem Spritzbeutel verzieren, mit den Schokoladenlocken oder der Raspelschokolade und den beiseitegelegten Kirschen garnieren. Die Torte mindestens 2 Stunden in den Kühlschrank stellen.

SCHWARZ-WEISS-GEBÄCK

● Zubereitungszeit: 60 Minuten, ohne Kühlzeit
Backzeit: etwa 12 Minuten je Backblech
▲ Mit Alkohol

ZUTATEN FÜR 60 STÜCK

FÜR DEN KNETTEIG:

250 g Weizenmehl
1 gestr. TL Backpulver
150 g Zucker, 1 Pck. Vanillin-Zucker
1 Prise Salz, ½ Röhrchen Rum-Aroma
1 Ei (Größe M)
125 g Butter oder Margarine (zimmerwarm)

ZUSÄTZLICH:

15 g Kakaopulver
15 g Zucker
1 EL Milch

ZUM BESTREICHEN:

1 Eiweiß (Größe M)

PRO STÜCK:

E: 1 g, F: 2 g, Kh: 6 g, kcal: 44

1. Für den Teig Mehl mit Backpulver in einer Rührschüssel mischen. Restliche Zutaten hinzufügen, mit dem Mixer (Knethaken) zunächst kurz auf niedrigster, dann auf höchster Stufe gut durcharbeiten. Dann auf einer leicht bemehlten Arbeitsfläche kurz zu einem Teig verkneten, den Teig in 2 Portionen teilen.

2. Für den dunklen Teig Kakao sieben, mit Zucker und Milch verrühren und unter eine Hälfte des Teiges kneten. Hellen und dunklen Teig jeweils mit den Händen zu einer Rolle formen, getrennt in Frischhaltefolie gewickelt etwa 30 Minuten in den Kühlschrank legen.

3. Den Teig zu einem Schneckenmuster oder Schachbrettmuster oder zu Talern verarbeiten:
Schneckenmuster: Den hellen und dunklen Teig jeweils zu einem gleichmäßig großen Rechteck (30 x 15 cm) ausrollen, ein Rechteck dünn mit Eiweiß bestreichen, das zweite darauflegen und ebenfalls bestreichen. Von der längeren Seite her fest aufrollen.
Schachbrettmuster: Man benötigt 9 je 1 cm breite Teigstreifen von dem dunklen Teig und 9 je 1 cm breite Teigstreifen vom hellen Teig sowie 2-mal eine „Teigdecke". Dafür die beiden Teighälften getrennt etwa 1 cm dick ausrollen. Aus dem hellen und dunklen Teig jeweils 9 je 1 cm breite und 15 cm lange Steifen schneiden. Die Streifen mit Eiweiß bestreichen, im Schachbrettmuster zu 2 Teigblöcken zusammensetzen. Die restlichen hellen und dunklen Teigreste getrennt wieder verkneten und dünn zu 2 Rechtecken (etwa 15 x 13 cm) ausrollen. Die entstandenen Blöcke in die Teigschichten einwickeln.
Taler: Aus dem dunklen Teig eine 3 cm dicke Rolle formen. Den hellen Teig ½ cm dick ausrollen, mit Eiweiß bestreichen und die dunkle Rolle darin einwickeln.

4. Die Teigrollen oder -blöcke in Frischhaltefolie gewickelt etwa 1 Stunde in den Kühlschrank legen.

5. Den Backofen vorheizen.
Ober-/Unterhitze: etwa 180 °C
Heißluft: etwa 160 °C

6. Die gekühlten Teigrollen oder -blöcke in gleichmäßige, knapp ½ cm dicke Scheiben schneiden und auf ein Backblech (mit Backpapier belegt) legen. Das Backblech in den Backofen schieben und **etwa 12 Minuten backen.**

7. In der Zwischenzeit die restlichen Teigscheiben auf Backpapier vorbereiten.

8. Das fertige Gebäck mit dem Backpapier vom Backblech ziehen und auf einem Kuchenrost erkalten lassen.

9. Die vorbereiteten Teigscheiben mit dem Backpapier auf das Backblech ziehen und wie angegeben backen.

TIPP:

Schwarz-Weiß-Gebäck wird in vielen Familien traditionell besonders gern zu Weihnachten gebacken.

STREUSEL-PUDDING-KUCHEN

Mitteldeutschland

◷ Zubereitungszeit: 45 Minuten, ohne Abkühlzeit
Teiggeh-/Ruhezeit: etwa 60 Minuten
Backzeit: 20–25 Minuten

ZUTATEN FÜR 20 STÜCKE

FÜR DEN HEFETEIG:

400 g Weizenmehl
1 Pck. Trockenbackhefe
100 g Zucker
1 Pck. Vanillin-Zucker
1 Ei (Größe M)
200 ml lauwarme Milch
75 g zerlassene, abgekühlte Butter oder Margarine

FÜR DIE STREUSEL:

300 g Weizenmehl
150 g Zucker
1 Pck. Vanillin-Zucker
200 g Butter oder Margarine (zimmerwarm)

FÜR DIE FÜLLUNG:

1 l Milch (3,5 % Fett)
100 g Zucker
2 Pck. Pudding-Pulver Vanille-Geschmack
2 Eier (Größe M)
75 g Butter (zimmerwarm)

PRO STÜCK:

E: 7 g, F: 18 g, Kh: 51 g, kcal: 400

1. Für den Hefeteig Mehl in eine Rührschüssel geben und mit der Trockenbackhefe sorgfältig vermischen. Zucker, Vanillin-Zucker, 1 Prise Salz, Ei, Milch und Butter oder Margarine hinzufügen.

2. Die Zutaten mit einem Mixer (Knethaken) zunächst kurz auf niedrigster, dann auf höchster Stufe in etwa 5 Minuten zu einem glatten Teig verarbeiten.

3. Den Teig leicht mit Mehl bestäuben und zugedeckt so lange an einem warmen Ort gehen lassen, bis er sich sichtbar vergrößert hat, etwa 30 Minuten.

4. Den gegangenen Teig leicht mit Mehl bestäuben, aus der Schüssel nehmen und auf der leicht bemehlten Arbeitsfläche nochmals kurz durchkneten. Den Teig auf einem Backblech (30 x 40 cm, gefettet) ausrollen.

5. Den Backofen vorheizen.
Ober-/Unterhitze: etwa 200 °C
Heißluft: etwa 180 °C

6. Für die Streusel Mehl in eine Rührschüssel geben. Zucker, Vanillin-Zucker und Butter oder Margarine hinzufügen. Die Zutaten mit einem Mixer (Rührstäbe) zu Streuseln von gewünschter Größe verarbeiten. Die Streusel auf dem Teig verteilen.

7. Den Teig zugedeckt nochmals so lange an einem warmen Ort gehen lassen, bis er sich sichtbar vergrößert hat, etwa 30 Minuten.

8. Das Backblech in den vorgeheizten Backofen schieben. Den Streuselkuchen **20–25 Minuten backen.**

9. Das Backblech auf einen Kuchenrost stellen. Den Streuselkuchen erkalten lassen.

10. Für die Füllung aus Milch, Zucker, Pudding-Pulver und Eiern einen Pudding nach Packungsanleitung zubereiten (die Eier unter das angerührte Pudding-Pulver rühren).

11. Die Butter in 2–3 Portionen unter den heißen Pudding rühren. Die Puddingmasse erkalten lassen, dabei ab und zu umrühren.

12. Den Streuselkuchen halbieren oder vierteln und die einzelnen Stücke waagerecht durchschneiden.

13. Jeweils die unteren Kuchenstücke mit etwas von der Puddingcreme bestreichen und mit den oberen Kuchenstücken belegen.

STUTENKERLE

Westfalen
Zubereitungszeit: 45 Minuten, ohne Abkühlzeit
Teiggeh-/Ruhezeit: etwa 50 Minuten
Backzeit: etwa 20 Minuten je Backblech

ZUTATEN FÜR 4–6 STÜCK

FÜR DEN HEFETEIG:

250 g Schlagsahne
500 g Weizenmehl
1 Pck. Trockenbackhefe
1 Pck. Finesse Ger. Zitronenschale
2 Eier (Größe M)
1 Eiweiß (Größe M)
2 EL Zucker

ZUM BELEGEN UND BESTREICHEN:

24–36 Rosinen
1 Eigelb
2 EL Schlagsahne

ZUSÄTZLICH:

4–6 Tonpfeifen (erhältlich z. B. im Internet)

PRO STÜCK:

E: 16 g, F: 22 g, Kh: 85 g, kcal: 610

1. Für den Teig Sahne lauwarm erwärmen. Das Mehl in eine Rührschüssel geben, mit Trockenbackhefe und Zitronenschale sorgfältig vermischen. Sahne, Eier, Eiweiß und Zucker hinzugeben. Die Zutaten mit einem Mixer (Knethaken) zunächst kurz auf niedrigster, dann auf höchster Stufe in etwa 5 Minuten zu einem glatten Teig verarbeiten.

2. Den Teig zugedeckt so lange an einem warmen Ort gehen lassen, bis er sich sichtbar vergrößert hat, etwa 30 Minuten.

3. Den Teig auf der leicht bemehlten Arbeitsfläche nochmals kurz durchkneten. Dann 1–1 ½ cm dick ausrollen. 4–6 Stutenkerle ausschneiden (je nach gewünschter Größe, am besten nach einer Papierschablone) und auf Backbleche (mit Backpapier belegt) legen.

4. Für die Arme auf beiden Seiten des Körpers den Oberkörper längs einschneiden, aber nicht durchschneiden. Auf einer Seite für den Arm den Teig so durchschneiden, dass der Arm später um die Tonpfeife herumgelegt werden kann.

5. Den Kopf formen. Für die Beine den unteren Teil des Stutenkerls so einschneiden, dass Beine entstehen. Die Teigbeine auseinanderziehen.

6. Die Stutenkerle nochmals zugedeckt so lange an einem warmen Ort gehen lassen, bis sie sich sichtbar vergrößert haben, etwa 20 Minuten.

7. In der Zwischenzeit den Backofen vorheizen.
Ober-/Unterhitze: etwa 180 °C
Heißluft: etwa 160 °C

8. Als Augen und Mund jeweils Rosinen in den Teig drücken. Jeweils 3 Rosinen als Knöpfe in den Bauch eindrücken. Die Tonpfeifen auf die Stutenkerle legen, festdrücken und den Arm darumlegen. Das Eigelb mit der Sahne verschlagen und die Stutenkerle damit bestreichen.

9. Die Backbleche nacheinander (bei Heißluft zusammen) in den vorgeheizten Backofen schieben. Die Stutenkerle **etwa 20 Minuten je Backblech backen.**

10. Die Stutenkerle mit dem Backpapier von den Backblechen auf Kuchenroste ziehen und darauf erkalten lassen.

THÜRINGER MOHNKUCHEN

Thüringen

◔ Zubereitungszeit: 60 Minuten, ohne Abkühlzeit
Teiggeh-/Ruhezeit: etwa 30 Minuten
Backzeit: 30–35 Minuten
▲ Mit Alkohol

ZUTATEN FÜR 20 STÜCKE

FÜR DEN HEFETEIG:

300 g Weizenmehl
21 g frische Hefe
65 g Zucker
100 ml lauwarme Milch (3,5 % Fett)
50 g zerlassene, abgekühlte Butter oder Margarine
25 g Butterschmalz (zimmerwarm)

FÜR DIE FÜLLUNG:

375 ml Milch (3,5 % Fett)
125 g Hartweizengrieß
375 g gem. Mohn
1 Birne
2 Eier (Größe M)
200 g Butter
200 g Zucker
125 g Magerquark
3 EL abgezogene, gem. Mandeln
2 EL Rum-Rosinen
2 EL Rum

FÜR DIE STREUSEL:

300 g Weizenmehl
200 g Zucker
1 Pck. Vanillin-Zucker
200 g Butter (zimmerwarm)

ZUM BESTÄUBEN:

etwas Puderzucker

PRO STÜCK:

E: 11 g, F: 31 g, Kh: 56 g, kcal: 565

1. Für den Teig Mehl in eine Rührschüssel geben. In die Mitte eine Vertiefung drücken und die Hefe hineinbröckeln. Zucker und etwas Milch hinzufügen. Mit einem kleinen Teil des Mehls mit einer Gabel vorsichtig verrühren und etwa 10 Minuten gehen lassen.

2. Butter oder Margarine, Butterschmalz, 1 Prise Salz und restliche Milch hinzufügen. Die Zutaten mit einem Mixer (Knethaken) zunächst kurz auf niedrigster, dann auf höchster Stufe in etwa 5 Minuten zu einem glatten Teig verarbeiten. Den Teig mit Mehl bestäuben und zugedeckt so lange an einem warmen Ort gehen lassen, bis er sich sichtbar vergrößert hat, etwa 20 Minuten.

3. Inzwischen für die Füllung Milch mit Grieß in einem Topf unter Rühren zum Kochen bringen. Mohn unterrühren. Die Masse erkalten lassen.

4. Den Backofen vorheizen.
Ober-/Unterhitze: etwa 180 °C
Heißluft: etwa 160 °C

5. Die Birne schälen, vierteln, entkernen und fein raspeln. Eier, Butter, Zucker, Quark und Mandeln gut unter die Mohnmasse rühren. Rum-Rosinen, Birnenraspel und Rum unterheben.

6. Den gegangenen Teig leicht mit Mehl bestäuben und auf der bemehlten Arbeitsfläche nochmals kurz durchkneten. Den Teig in einer Fettpfanne (30 x 40 cm, gefettet) ausrollen. Die Mohnfüllung daraufgeben und glatt streichen.

7. Für die Streusel Mehl in eine Rührschüssel geben. Restliche Zutaten hinzufügen und mit dem Mixer (Knethaken) zu Streuseln von gewünschter Größe verarbeiten. Teigstreusel auf der Mohnfüllung verteilen. Die Fettpfanne in den vorgeheizten Backofen schieben. Den Kuchen **30–35 Minuten backen.**

8. Die Fettpfanne auf einen Kuchenrost stellen. Den Kuchen erkalten lassen und vor dem Servieren mit Puderzucker bestäuben.

THÜRINGER STREUSELKUCHEN

Thüringen

Zubereitungszeit: 35 Minuten, ohne Abkühlzeit
Teiggeh-/Ruhezeit: etwa 60 Minuten
Backzeit: etwa 20 Minuten

ZUTATEN FÜR 20 STÜCKE

FÜR DEN HEFETEIG:

200 ml Milch (3,5 % Fett)
50 g Butter oder Margarine
375 g Weizenmehl
1 Pck. Trockenbackhefe
50 g Zucker
1 Pck. Vanillin-Zucker
1 Ei (Größe M)

ZUM BESTREICHEN:

20 g Butter

FÜR DIE STREUSEL:

300 g Weizenmehl
150 g Zucker
1 Pck. Vanillin-Zucker
200 g Butter (zimmerwarm)
10 g gesiebtes Kakaopulver

ZUM BETRÄUFELN:

125 ml Milch (3,5 % Fett)
60 g Butter

ZUM BESTREICHEN UND BESTÄUBEN:

100 g Butter
50 g Puderzucker

PRO STÜCK:

E: 5 g, F: 20 g, Kh: 39 g, kcal: 353

1. Für den Teig Milch in einem Topf erwärmen. Butter oder Margarine darin zerlassen.

2. Mehl in einer Rührschüssel mit Trockenbackhefe sorgfältig vermischen. Zucker, Vanillin-Zucker, Ei und die warme Milch-Fett-Mischung hinzufügen. Die Zutaten mit einem Mixer (Knethaken) zunächst kurz auf niedrigster, dann auf höchster Stufe in etwa 5 Minuten zu einem glatten Teig verarbeiten. Den Teig zugedeckt so lange an einem warmen Ort gehen lassen, bis er sich sichtbar vergrößert hat, etwa 30 Minuten.

3. Den gegangenen Teig leicht mit Mehl bestäuben, aus der Schüssel nehmen, auf der leicht bemehlten Arbeitsfläche nochmals kurz durchkneten und zu einer Rolle formen. Die Teigrolle auf einem Backblech (30 x 40 cm, gefettet) ausrollen. Butter zerlassen und den Teig damit bestreichen.

4. Für die Streusel Mehl mit Zucker, Vanillin-Zucker und Butter in einer Rührschüssel mit dem Mixer (Rührstäbe) zu Streuseln von gewünschter Größe verarbeiten. Die Hälfte der Streusel großzügig auf dem Teig verteilen. Unter die restlichen Streusel Kakao arbeiten und die Lücken damit füllen, sodass ein schwarz-weißes Muster entsteht.

5. Den Hefeteig zugedeckt nochmals so lange an einem warmen Ort gehen lassen, bis er sich sichtbar vergrößert hat, etwa 30 Minuten.

6. In der Zwischenzeit den Backofen vorheizen.
Ober-/Unterhitze: etwa 200 °C
Heißluft: etwa 180 °C

7. Das Backblech in den vorgeheizten Backofen schieben. Den Kuchen **etwa 20 Minuten backen.**

8. Zum Beträufeln die Milch erhitzen und die Butter darin zerlassen. Den noch heißen Kuchen damit beträufeln. Den Kuchen auf dem Backblech auf einem Kuchenrost erkalten lassen.

9. Zum Bestreichen Butter zerlassen, den Kuchen damit bestreichen und mit Puderzucker bestäuben.

TRÄUBLESTORTE (JOHANNISBEER-BAISER-TORTE)

Schwaben

Zubereitungszeit: 45 Minuten, ohne Abkühlzeit
Backzeit: etwa 72 Minuten

ZUTATEN FÜR 12 STÜCKE

FÜR DEN KNETTEIG:

250 g Weizenmehl
65 g Zucker
1 Pck. Vanillin-Zucker
1 Ei (Größe M)
125 g Butter oder Margarine (zimmerwarm)
1 EL Weizenmehl

FÜR DEN BELAG:

500 g rote Johannisbeeren
5 Eiweiß (Größe M)
175 g Zucker
100 g abgezogene, gem. Mandeln
60 g Speisestärke

PRO STÜCK:

E: 6 g, F: 14 g, Kh: 44 g, kcal: 334

1. Den Backofen vorheizen.
Ober-/Unterhitze: etwa 200 °C
Heißluft: etwa 180 °C

2. Für den Teig Mehl in eine Rührschüssel geben. Zucker, Vanillin-Zucker, 1 Prise Salz, Ei und Butter oder Margarine hinzufügen. Die Zutaten mit dem Mixer (Knethaken) zunächst kurz auf niedrigster, dann auf höchster Stufe gut durcharbeiten.

3. Anschließend auf einer leicht bemehlten Arbeitsfläche kurz zu einem Teig verkneten und zu einer Kugel formen. Zwei Drittel des Teiges auf dem Boden einer Springform (Ø 26 cm, gefettet) ausrollen. Den Springformrand darumstellen.

4. Unter den restlichen Teig den Esslöffel Mehl kneten und zu einer langen Rolle formen. Die Rolle auf den Teigboden legen und so an die Form drücken, dass ein etwa 4 cm hoher Rand entsteht. Den Teigboden mehrmals mit einer Gabel einstechen.

5. Die Form auf dem Rost in den vorgeheizten Backofen (untere Schiene) schieben. Den Knetteigboden **etwa 12 Minuten vorbacken.**

6. Für den Belag Johannisbeeren abspülen, abtropfen lassen und die Beeren von den Rispen streifen. Eiweiß sehr steif schlagen. Nach und nach Zucker unterschlagen. Mandeln mit Speisestärke mischen und vorsichtig unterrühren, anschließend die Beeren unterheben.

7. Die Backofentemperatur herunterschalten.
Ober-/Unterhitze: etwa 180 °C
Heißluft: etwa 160 °C

8. Auf dem noch heißen Tortenboden die Johannisbeer-Baiser-Masse kuppelförmig verteilen. Die Form wieder auf dem Rost in den heißen Backofen schieben. Die Torte **in etwa 60 Minuten fertig backen.** (Die Baisermasse sollte goldbraun sein.)

9. Die Torte 1–2 Stunden in der Form auf einem Kuchenrost erkalten lassen, erst dann vorsichtig aus der Form lösen und auf eine Tortenplatte legen.

SERVIERTIPP:

Servieren Sie geschlagene Sahne zu der Torte.

TIPP:

Zum Steifschlagen von Eiweiß müssen Schüssel und Rührstäbe absolut fettfrei sein. Es darf keine Spur von Eigelb im Eiweiß sein.

WESTFÄLISCHE KAFFEESCHNITTEN

Westfalen

Zubereitungszeit: 35 Minuten, ohne Einweich- und Abkühlzeit
Backzeit: etwa 25 Minuten

FÜR DEN BELAG:

125 g Korinthen
250 g Rosinen
100 g fein gewürfeltes Zitronat (Sukkade)
50 g Hagelzucker
100 g gehobelte Mandeln

FÜR DEN RÜHRTEIG:

250 g Butter oder Margarine (zimmerwarm)
200 g Zucker
1 Pck. Vanillin-Zucker
½ Fläschchen Zitronen-Aroma oder 1 Fläschchen Rum-Aroma (aus dem Röhrchen)
5 Eier (Größe M, zimmerwarm)
375 g Weizenmehl
3 gestr. TL Backpulver
4–5 EL Milch

PRO STÜCK:

E: 5 g, F: 15 g, Kh: 43 g, kcal: 331

1. Für den Belag Korinthen und Rosinen mit warmem Wasser übergießen und etwa 30 Minuten einweichen.

2. Für den Teig Butter oder Margarine mit einem Mixer (Rührstäbe) auf höchster Stufe geschmeidig rühren. Nach und nach Zucker, Vanillin-Zucker, Aroma und 1 Prise Salz unterrühren. So lange rühren, bis eine gebundene Masse entstanden ist.

3. Eier einzeln unterrühren (jedes Ei etwa ½ Minute). Mehl und Backpulver mischen, abwechselnd portionsweise mit der Milch auf mittlerer Stufe kurz unterrühren. Nur so viel Milch verwenden, dass der Teig schwer reißend vom Löffel fällt.

4. Den Backofen vorheizen.
Ober-/Unterhitze: etwa 180 °C
Heißluft: etwa 160 °C

5. Den Teig in eine Fettpfanne (30 x 40 cm, gefettet) geben und glatt streichen.

6. Korinthen und Rosinen abtropfen lassen. Mit Zitronat, Hagelzucker und Mandeln vermischen und gleichmäßig auf dem Teig verteilen.

7. Die Fettpfanne in den vorgeheizten Backofen schieben. Den Kuchen **etwa 25 Minuten backen.**

8. Die Fettpfanne auf einen Kuchenrost stellen. Den Kuchen erkalten lassen und in Stücke schneiden.

TIPPS:

Der feine Rührkuchen lässt sich praktisch vorbereiten und ist auch sehr gut gefriergeeignet. Dafür die Stückchen nach Belieben einzeln in Frischhaltefolie oder Backpapierstückchen wickeln und in Gefrierbeutel geben. So lassen sie sich später portionsweise entnehmen und auftauen.

ZITRONENKUCHEN

Zubereitungszeit: 35 Minuten
Backzeit: etwa 25 Minuten

ZUTATEN FÜR 20 STÜCKE

FÜR DEN RÜHRTEIG:

350 g Butter oder Margarine (zimmerwarm)
350 g Zucker
2 Pck. Finesse Ger. Zitronenschale
5 Eier (Größe M)
275 g Weizenmehl
120 g Speisestärke
2 gestr. TL Backpulver

FÜR DEN GUSS:

250 g Puderzucker
etwa 7 EL Zitronensaft

ZUSÄTZLICH:

Alufolie

PRO STÜCK:

E: 3 g, F: 17 g, Kh: 46 g, kcal: 349

1. Den Backofen vorheizen.
Ober-/Unterhitze: etwa 180 °C
Heißluft: etwa 160 °C

2. Für den Teig Butter oder Margarine in einer Rührschüssel mit einem Mixer (Rührstäbe) auf höchster Stufe geschmeidig rühren. Nach und nach Zucker und Zitronenschale unter Rühren hinzufügen, bis eine gebundene Masse entsteht. Die Eier einzeln unterrühren (jedes Ei etwa ½ Minute).

3. Mehl mit Speisestärke und Backpulver mischen und in 2 Portionen kurz auf mittlerer Stufe unterrühren. Den Teig auf einem Backblech (30 x 40 cm, gefettet) verstreichen. Einen mehrfach geknickten Streifen Alufolie vor den Teig legen. Das Backblech in den vorgeheizten Backofen schieben. Den Teig **etwa 25 Minuten backen**.

4. Für den Guss Puderzucker sieben und mit so viel Zitronensaft glatt rühren, dass ein dickflüssiger Guss entsteht.

5. Das Backblech auf einen Kuchenrost stellen und den Kuchen noch heiß mit dem Guss bestreichen. Je heißer der Kuchen, desto stärker zieht der Guss ein. Den Kuchen auf dem Backblech auf dem Kuchenrost erkalten lassen.

REZEPTVARIANTE:

Getränkter Orangenkuchen
Aus 250 g weicher Butter oder Margarine, 200 g Zucker, 1 Päckchen Vanillin-Zucker, je 1 Päckchen Finesse Ger. Orangenschale und Ger. Zitronenschale, 1 Prise Salz, 4 Eiern (Größe M), 250 g Weizenmehl, 30 g Speisestärke und 2 Teelöffeln Backpulver wie im Rezept beschrieben einen Rührteig zubereiten. Den Teig in eine Kastenform (25 x 11 cm, gefettet, bemehlt) füllen und bei angegebener Backofentemperatur auf dem Rost im unteren Drittel in den vorgeheizten Backofen schieben. Nach etwa 15 Minuten Backzeit den Kuchen mit einem spitzen Messer der Länge nach in der Mitte etwa 1 cm tief einschneiden. Den Kuchen wieder in den heißen Backofen schieben und bei gleicher Backofentemperatur weitere etwa 40 Minuten backen. Den Kuchen etwa 10 Minuten in der Form stehen lassen, dann aus der Form lösen, auf einen Kuchenrost stürzen, zurückstürzen und mehrmals mit einem Holzstäbchen einstechen. Zum Tränken 125 ml Orangensaft mit etwa 2 Esslöffeln Zitronensaft durch ein Sieb geben, mit 30 g Zucker verrühren und den noch heißen Kuchen mithilfe eines Silikon-Backpinsels damit tränken. Orangenkuchen auf einem Kuchenrost erkalten lassen und anschließend mit etwas Puderzucker bestäuben.

ZWETSCHGENDATSCHI

Bayern

Zubereitungszeit: 60 Minuten
Teiggeh-/Ruhezeit: etwa 60 Minuten
Backzeit: 30–40 Minuten

ZUTATEN FÜR 20 STÜCKE

FÜR DEN HEFETEIG:

400 g Weizenmehl (Type 550)
42 g frische Hefe
etwa 200 ml lauwarme Milch
1 TL Zucker
100 g Magerquark (zimmerwarm)
100 g Butter
1 EL flüssiger Honig

FÜR DEN BELAG:

etwa 2 kg Zwetschgen
150 g Pflaumenmus

50 g gehackte Walnusskerne
1 EL gem. Zimt

FÜR DIE JOGHURTSAHNE:

250 g Schlagsahne (etwa 30 % Fett)
100 g Joghurt (3,5 % Fett)
1 EL Ahornsirup

PRO STÜCK:

E: 5 g, F: 11 g, Kh: 28 g, kcal: 234

1. Für den Teig Mehl in eine Rührschüssel geben und in die Mitte eine Vertiefung eindrücken. Hefe hineinbröckeln, mit etwas Milch und Zucker verrühren und etwa 15 Minuten gehen lassen.

2. Anschließend Quark, Butter, Honig und 1 Prise Salz hinzufügen. Die Zutaten mit einem Mixer (Knethaken) zunächst kurz auf niedrigster, dann auf höchster Stufe in etwa 5 Minuten zu einem glatten Teig verarbeiten. Den Teig zugedeckt so lange an einem warmen Ort gehen lassen, bis er sich sichtbar vergrößert hat, etwa 30 Minuten.

3. In der Zwischenzeit für den Belag Zwetschgen abspülen, abtropfen lassen, entstielen, zur Hälfte aufschneiden, entsteinen und die Spitzen einschneiden.

4. Den gegangenen Teig aus der Schüssel nehmen, zu einem Rechteck in Größe einer Fettpfanne ausrollen und danach in die Fettpfanne (30 x 40 cm, gefettet) legen. Den Teig mit Pflaumenmus bestreichen und mit den Zwetschgen dicht belegen. Den Teig nochmals zugedeckt etwa 15 Minuten gehen lassen.

5. In der Zwischenzeit den Backofen vorheizen.
Ober-/Unterhitze: etwa 200 °C
Heißluft: etwa 180 °C

6. Die Fettpfanne in den vorgeheizten Backofen schieben. Zwetschgendatschi **30–40 Minuten backen.**

7. Die Fettpfanne auf einen Kuchenrost stellen. Zwetschgendatschi noch heiß mit den Walnusskernen und Zimt bestreuen.

8. Für die Joghurtsahne Sahne steif schlagen, Joghurt und Ahornsirup unterschlagen. Den noch heißen Zwetschgendatschi mit der Joghurtsahne servieren.

TIPPS:

Statt des Ahornsirups können Sie auch 1 Esslöffel Zucker verwenden. Durch den Joghurt ist die Sahne etwas leichter.

REGISTER NACH REGIONEN

RHEINLAND

SAARLAND

SACHSEN

SACHSEN-ANHALT

SCHLESWIG-HOLSTEIN

SCHWABEN

SCHWARZWALD

SÜDDEUTSCHLAND

THÜRINGEN

WESTFALEN

REGISTER

BLECHKUCHEN

BROT UND BRÖTCHEN

FETTGEBACKENES

KLEINGEBÄCK

KUCHEN AUS DER FORM

PLÄTZCHEN/KEKSE

TORTEN

Bei Fragen oder Anregungen wenden Sie sich bitte an folgende Telefonnummer +49(0)89-5482515-0 oder an kontakt@zsverlag.de

ISBN: 978-3-7670-1807-5
1. Auflage 2020

Projektleitung: Carola Reich
Redaktion: Annette Riesenberg

Rezeptentwicklung und -beratung:
Susanne Raht, Hamburg

Nährwertberechnungen:
Nutri Service, Hennef, Angelika Ilies, Langen

Lektorat: Susanne Noll, Hennef

Titelfotos:
Barbara Bonisolli, München (1);
Studio Diercks Media GmbH, Hamburg (6);
Kramp + Gölling, Reeßum-Platenhof (7);
Antje Plewinski, Berlin (1)

Foodfotografie:
Barbara Bonisolli, München (S. 42, 111, 128, 185, 202);
Walter Cimbal, Hamburg (S. 5, 13, 59, 78, 99, 133, 140, 155, 159);
Studio Diercks Media GmbH (Silje Paul, Kai Boxhammer), Hamburg (S. 6, 9, 14, 17, 24, 27, 30, 33, 37, 38, 49, 50, 53, 61, 65, 66, 69, 74, 82, 86, 89, 91, 92, 95, 96, 103, 108, 112, 115, 116, 119, 134, 139, 143, 144, 147, 152, 156, 160, 163, 173, 174, 179, 195, 193, 197, 198, 201, 205, 209);
Ulli Hartmann, Halle (S. 29, 131);
Kramp + Gölling, Reeßum-Platenhof (S. 19, 20, 23, 34, 45, 46, 55, 56, 62, 70, 77, 81, 85, 104, 107, 120, 123, 127, 137, 164, 167, 169, 170, 181, 182, 186, 189, 190, 206, 210);
Antje Plewinski, Berlin (S. 10, 73, 124, 149, 177);
StockFood Studios (S. 150)
Winkler Studios, Bremen (S. 100)

Artdirektion und Grafikdesign:
seidldesign, Stuttgart
Producing: Jan Russok
Satz und Layout: MDH Haselhorst, Bielefeld
Titelgestaltung: Büro 18, Friedberg/Bayern
Herstellung: Frank Jansen
Druck und Bindung: Optimal media GmbH, Röbel

Die Bücher und E-Books unter der Marke Dr. Oetker Verlag erscheinen als Lizenz in der ZS Verlag GmbH.
redaktion-oetker@zsverlag.de
www.facebook.de/Dr.OetkerVerlag
Die ZS Verlag GmbH ist ein Unternehmen der Edel SE & Co. KGaA, Hamburg.
www.zsverlag.de
www.facebook.de/zs-verlag